»Ein opulentes Buch über 250 Jahre Literatur, Musik und Kunst.« PASSAUER NEUE PRESSE

Ohne Herzogin Anna Amalia wäre das kleine thüringische Städtchen Weimar wohl nie weltberühmt geworden. Grund genug, die Kulturgeschichte Weimars durch unterschiedliche Epochen hindurch an den Stellen aufzublättern, an denen der vielzitierte »genius loci« von Frauen beflügelt und weitergetragen wurde.

Zur Zeit der Klassik lebten in Weimar so interessante Persönlichkeiten wie die Hofdame Charlotte von Stein, die sich über das ungerechte Los der Frauen beklagte, die Sängerin und Schauspielerin Corona Schröter oder die Salondame Johanna Schopenhauer, an deren Teetisch sich internationale Geistesgrößen trafen. Im 19. Jahrhundert liegt der künstlerische Akzent vor allem auf der Musik. Am Hof der in Weimar regierenden Zarentochter Großherzogin Maria Pawlowna und in den tonangebenden Salons der Weimarer Damen war die europäische Musikszene zu Gast. In der frühen Moderne verschiebt sich der inhaltliche Akzent des kulturellen Lebens im »Neuen Weimar« dann erneut: nun auf die bildende Kunst.

Und so haben zum Weimarer Weltruf als Kulturstadt nicht nur die Herren Goethe, Herder, Schiller, Liszt, Feininger und Gropius beigetragen, sondern auch und nicht minder Damen wie Anna Amalia, Christiane Vulpius, Henriette von Schorn, Natalie von Milde, Gunta Stölzl, Marianne Brandt und viele andere kluge Frauen.

Ulrike Müller studierte Kirchenmusik, Philosophie, Theologie und Literaturwissenschaft in Hamburg und promovierte 1989 über Else Lasker-Schüler. Seit 1992 lebt sie in Weimar und ist dort als Reiseleiterin, Museumspädagogin und freie Referentin tätig. Außerdem tritt sie mit musikalisch-literarischen Salonprogrammen auf und ist Herausgeberin und Mitautorin der »Stadtrundgänge WEIMAR WEIBLICH« (www.weimar-weiblich.de).

insel taschenbuch 4223

Ulrike Müller

Die klugen Frauen von Weimar

Der 2007 im Elisabeth Sandmann erschienene Originalband wurde für die Taschenbuchausgabe um einige Porträts gekürzt.

Gastautorin für den Beitrag über Gunta Stölzl: Ingrid Radewaldt.

Erste Auflage 2013
insel taschenbuch 4223
Insel Verlag Berlin 2013

Vertrieb durch den Suhrkamp Taschenbuch Verlag

Umschlag, Innenseiten und Satz:
Pauline Schimmelpenninck Büro für Gestaltung, Berlin
Druck: *CPI – Ebner & Spiegel, Ulm*

Printed in Germany ISBN 978-3-458-35923-4

ULRIKE MÜLLER

Die klugen *Frauen* von *Weimar*

Regentinnen, Salondamen,
Schriftstellerinnen
und Künstlerinnen

Insel Verlag

Inhalt

11 FRAUEN DER WEIMARER KLASSIK

16 Anna Amalia ⁎ 1739–1807
Herzogin von Sachsen-Weimar-Eisenach

28 Charlotte von Stein ⁎ 1742–1827
Hofdame, Literatin

40 Corona Schröter ⁎ 1751–1802
Sängerin, Schauspielerin, Komponistin

54 Caroline von Wolzogen ⁎ 1763–1846
Schriftstellerin

64 Christiane Vulpius ⁎ 1765–1816
Lebensgefährtin Goethes

74 Johanna Schopenhauer ⁎ 1766–1838
Salondame, Schriftstellerin

85 FRAUEN DER NACHKLASSIK
UND IN WEIMARS »SILBERNER ZEIT«

90 Maria Pawlowna ⁎ 1786–1859
Großherzogin von Sachsen-Weimar-Eisenach

100 Henriette von Schorn * 1807–1869
Dichterin, Märchensammlerin, Salondame

110 Jenny Lind * 1820–1887
Sängerin

120 Natalie von Milde * 1850–1906
Frauenrechtlerin

133 FRAUEN AM WEIMARER BAUHAUS

138 Gunta Stölzl * 1897–1983
Weberin

150 Friedl Dicker * 1898–1944
Grafikerin, Innenarchitektin, Pädagogin

160 Marianne Brandt * 1893–1983
Metallgestalterin, Fotografin

172 Register

176 Bildnachweis

GRUND RISS
und
CAVALIER PER-
SPECTIV
der Fürstlichen Sächsi-
schen Residenz Stadt
WEIMAR

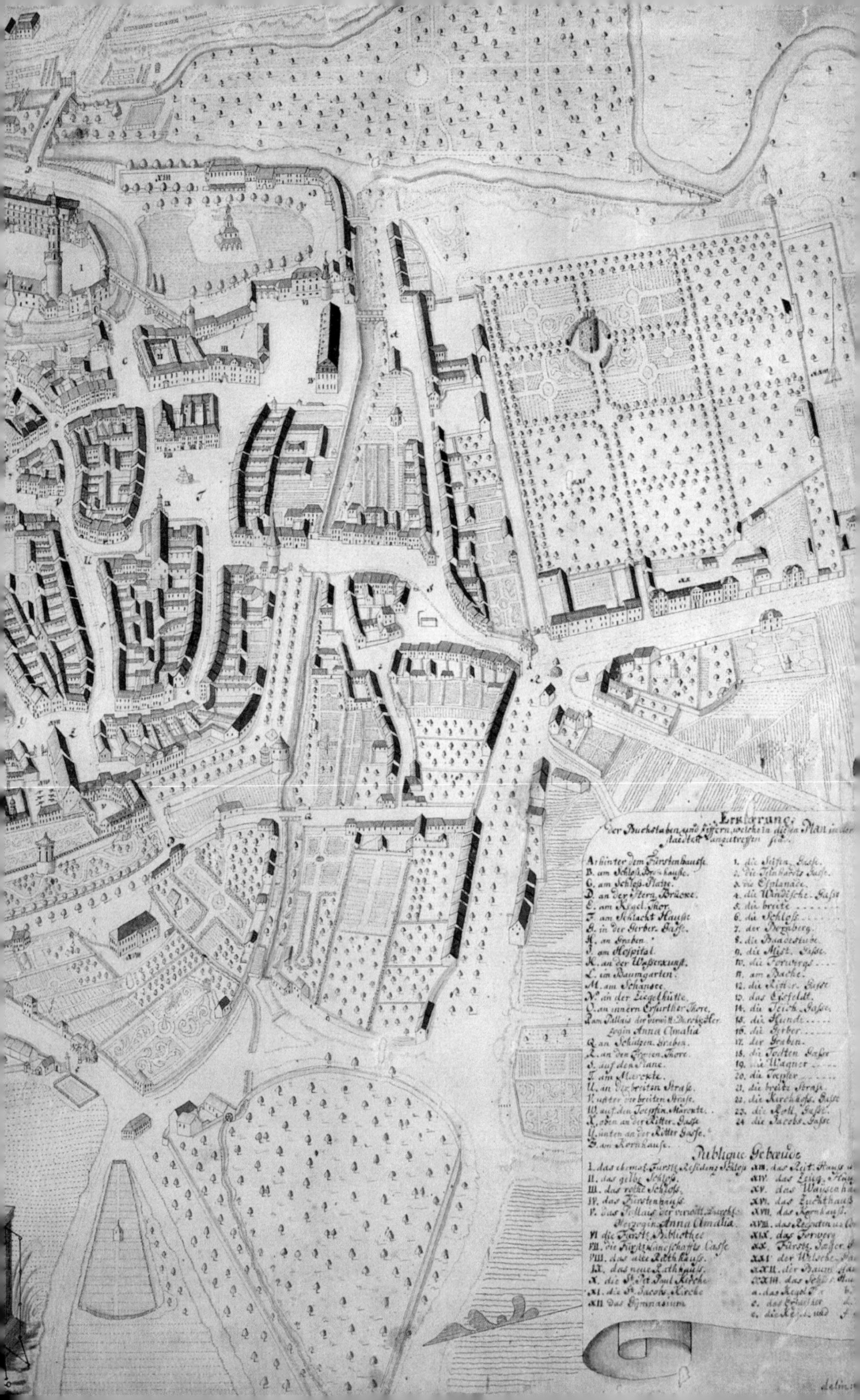
Erklærung
der Buchstaben und Ziffern, welche in diesen Plan in der Stadt angetroffen sind.
A. hinter dem Fürstenhauße.
B. am Schloß Brauhauße.
C. am Schloss-Platze.
D. an der Stern Brücke.
E. am Kegel Thor.
F. am Schlacht Hauße
G. in der Gerber-Gaße.
H. an Graben
J. am Hospital.
K. an der Wasserkunst.
L. im Baumgarten.
M. am Schænsee.
N. an der Ziegelhütte.
O. an innern Erfurther Thore.
P. am Pallais der verwitt. Durchl. Herzogin Anna Amalia
Q. an Schützen Graben.
R. an den Frauen Thore.
S. auf dem Plane.
T. am Marckte.
U. an der breiten Straße.
V. unter der breiten Straße.
W. auf den Toepfen Marckte.
X. oben an der Ritter-Gaße
Y. unten an der Ritter Gaße.
Z. am Kornhauße.
1. die Seifen Gaße.
2. die Jelnbarets Gaße.
3. die Esplanade.
4. die Windische Gaße
5. die breite
6. die Schloss
7. der Bergberg.
8. die Baadestube.
9. die Mist. Gaße.
10. die Forwergs
11. am Bache.
12. die Ritter Gaße
13. das Eisfeldt.
14. die Teich Gaße.
15. die Hunde
16. die Gerber
17. der Graben.
18. die Todten Gaße
19. die Wagner
20. die Toepfer
21. die breite Straße.
22. die Kirchhofs. Gaße
23. die Koll Gaße.
24. die Jacobs Gaße
Publique Gebæude
I. das ehemal. Fürstl. Residenz Schloß
II. das gelbe Schloß.
III. das rothe Schloß.
IV. das Fürstenhauß.
V. das Pallais der verwitt. Durchl. Herzogin Anna Amalia.
VI. die Fürstl. Bibliothec
VII. die Fürstl. Landschafts Caße
VIII. das alte Rathhauß.
IX. das neue Rathhauß.
X. die St. Pet. Paul Kirche
XI. die St. Jacobs Kirche
XII. das Gymnasium
XIII. das Reit. Hauß
XIV. das Zeug. Hauß
XV. das Waisenhauß
XVI. das Zuchthauß
XVII. das Kornhauß.
XIX. das Forwerg
XX. Fürstl. Jæger
XXI. der Welsche
XXII. der Baum
XXIII. das Schieß
a. das Kegel

Journal vo

»IHR GEIST HAT WIRKLICH FLÜGEL«

FRAUEN DER WEIMARER KLASSIK

Weimar und die Klassik – für viele, nicht nur für die Gäste der Stadt, bis heute auf den ersten Blick zwei Begriffe und ein Gedanke: Goethe. Bei näherem Hinsehen dann zweidreiviertel Gedanken und vier Namen: Goethe, Schiller, Herder, Wieland. Doch eigentlich ist längst bekannt, was schließlich auch schon die vier Herren wussten: Es gab in der Weimarer Klassik eine Menge wunderbarer, kluger Frauen. Das Jahr 2007, Gedenkjahr zum 200-jährigen Todestag von Herzogin Anna Amalia und Freudenjahr zur Wiedereröffnung ihrer im September 2004 abgebrannten Bibliothek, eröffnete die Gelegenheit, den Blick auf Frauenpersönlichkeiten zu richten, die neben, mit und nach Anna Amalia die Weimarer Klassik entfacht, geprägt, lebendig erhalten und ihr auch widersprochen haben. Die meisten Namen sind inzwischen geläufig, die Quellen- und Informationslage aber ist immer noch unausgewogen; in einigen Biografien bleiben Lücken, für andere ruht noch viel Stoff in den Archiven.

Eine Porträtauswahl von Frauen der Weimarer Klassik zu treffen, das bedeutet das Vergnügen, sich mit den Lebensleistungen und Biografien von Frauen beschäftigen zu können, die einen bedeutenden Abschnitt der Kulturgeschichte mitgeprägt haben. Die Beschäftigung mit großen Männern allein kann durchaus im physischen Sinne ›erschöpfend‹ sein, erschöpfende Antworten über die Beschaffenheit einer ganzen Epoche vermag sie nicht zu geben, auch die Beigabe von Musen und Hausfrauen für den Anmerkungsapparat genügt da nicht. Lohnend aber ist das Einlassen auf die Frauen selbst, ihren Alltag, ihre Besonderheiten, Träume und Widersprüche, ihre Lebensbedingungen, zu erleben, wie sie unter der Last der Rollenklischees damals und der Erwartungen heute an Kontur gewinnen, eine eigenständige Position auf dem Spielfeld der

Geschichte übernehmen und uns sich und ihre Zeit erschließen – manches aber behalten sie auch für sich. Die bedeutenden Männer sind aus dem Leben dieser Frauen nicht wegzudenken, und doch haben die Frauen auch ein Eigenleben geführt, dessen Entdeckung sich allemal lohnt.

Anna Amalia forderte einen achtungsvollen Umgang zwischen den Geschlechtern, unternahm den Versuch einer gleichberechtigten Gesprächskultur und beförderte die Entwicklung des deutschen Musiktheaters; Charlotte von Stein entwickelte sich in ihrem ›dritten Leben‹ von der untadligen Vertreterin höfischer Kultur zur Autorin von Bühnenstücken, in denen sie klassische Kunstideale verspottete; die Sängerin und Schauspielerin Corona Schröter veröffentlichte zwei Bände mit Liedkompositionen und war eine begabte Malerin; Christiane Vulpius suchte sich unter Goethes Bekannten zwei Hausfreunde, mit denen sie auf Augenhöhe kommunizierte, und tanzte als Vierzigjährige noch ihre Schuhe durch; Caroline von Wolzogen wollte weder in der Ehe noch im freien Liebesverhältnis unglücklich sein und entdeckte das Schreiben für sich als ›Überlebensmittel‹; und Johanna Schopenhauer eröffnete in Weimar den ersten bürgerlichen Salon, emanzipierte sich von ihrem Sohn und wurde zur Erfolgsautorin.

Eine Porträtauswahl von Frauenpersönlichkeiten der Weimarer Klassik zu treffen, das bedeutet auch, eine ganze Reihe interessanter Frauen nicht näher vorstellen zu können: Caroline Herder zum Beispiel, die sich nicht nur auf die Position als Hausfrau, Mutter und Streiterin für die Rechte ihres Mannes beschränkte, sondern auch wunderbare Liebesbriefe schrieb und zum literarischen Tee ins Pfarrhaus einlud; oder die geniale und unglückliche Charlotte von Kalb, die sich als tragische Liebende erst an Schiller, dann an Jean Paul abarbeitete und keines ihrer literarischen Werke vollendete; auch die erste Weimarer Hofschauspielerin, Caroline Jagemann, die als Mätresse des Herzogs geadelt wurde; die couragierte Industriellengattin Caroline Bertuch; die Dichterin Amalie von Imhoff; Gräfin Charitas Emilie von Bernstorff und Herzogin Luise, die Weimar 1806 furchtlos gegen die Plünderung durch Napoleons Soldaten verteidigte. Auch Besucherinnen wie Madame de Staël gehören dazu, die Malerinnen der Spät- und Nachklassik, Louise Seidler, Caroline Bardua, Julie von Egloffstein, und die Bildhauerin Angelica Facius.

Das Jahrhundert von Aufklärung, Empfindsamkeit und Klassik, das 18. Jahrhundert, stand im Zeichen der Literatur – womit, nach dem Verständnis der Zeit, Dramatik, Epik und Dichtung ebenso gemeint waren wie Kunstgeschichte, Naturforschung, Sprachwissenschaft, Philosophie und Theologie. Aber das 18. war auch das musizierende und das tanzende Jahrhundert. Musik, Dichtung, Kunst und Wissenschaft standen noch in enger Beziehung zueinander. In der Weimarer Klassik treffen wir drei durchaus unterschiedliche Generationen von Frauen an: eine *Großmüttergeneration*, verknüpft mit dem Ancien Régime, ausgestattet mit dem zugehörigen weiblichen Pflichtkanon, zugleich geprägt von tiefer Frömmigkeit, nüchternem Realitätssinn und aufklärerischen Impulsen im Denken und Handeln, eine *Müttergeneration*, versuchsweise freier künstlerische Begabungen auslebend, ihre Gefühle, ihren Glücksanspruch, ihre Liebe zu Dichtern und zur Natur, inspiriert von Rousseau und den Idealen der Französischen Revolution, und eine Generation der hochbegabten, durch klassische Kunstideale, romantische Utopien und mütterliche Liebesexperimente übersensiblen und frühreifen *Töchter*, deren Lebenstüchtigkeit durch politische Enttäuschung und instabile Verhältnisse untergraben worden ist. Wir treffen auf prachtvolle Großmutter-Mutter-Tochter-Hofdamen-Dynastien wie die der fränkischen von Egloffsteins oder der preußischen von Henckel-Donnersmarck-Pogwischs, die in der dritten Generation aus Liebe oder sonst lieber gar nicht heiraten und ihre Existenzgrundlage selbst in der Hand haben wollen. Das Thema Besitz war oft auch für adlige Frauen ein Alptraum. Charlotte von Kalb und Charlotte von Stein erlebten Abstürze in die Armut, die der Benachteiligung von Frauen infolge des adligen Erbrechts (Mannlehen) und des dadurch möglichen Zugriffs von Vormündern und Gatten auf das Vermögen weiblicher Familienmitglieder geschuldet waren.

Eine erstaunliche Anzahl von Frauen im Umfeld des Weimarer Hofes lebte getrennt, geschieden, verwitwet oder unverheiratet

und konnte von Einkünften durch den Hof, im besten Fall als Hofdame, leben. Junge ledige Künstlerinnen wie Luise Rudorf oder Louise Seidler waren auf Förderung angewiesen, ältere, unverheiratet gebliebene auf den Erlös ihrer Werke und später auf barmherzig vom Hof ausgesetzte Renten. Wie kritisch man auch Goethes Verhältnis zu Frauen sehen mag: Ihm gebührt die Würdigung als Förderer weiblicher Talente, vor allem als väterlicher Freund, Vermittler und Mäzen begabter Malerinnen. Und bei aller Doppelbödigkeit und Arroganz des Dichters und Mannes Friedrich Schiller: Er ermutigte Frauen zum Schreiben, beriet sie und publizierte, natürlich damals anonym, Werke von ihnen in seinen Literaturzeitschriften.

Frauen waren zu dieser Zeit bekanntlich mit weit geringeren Bildungschancen ausgestattet als Männer. Anna Amalia und Corona Schröter stellten darin Ausnahmen dar. Dennoch erschien auch der Herzogin ihre Italienreise wie das Paradies auf Erden. Johanna Schopenhauer, Tochter eines aufgeklärten Vaters, musste als junge Frau, um in ihrer weltoffenen Heimatstadt Danzig nicht unangenehm aufzufallen, auf das Erlernen weiterer Sprachen verzichten, weil sie das Englische schon ›zu gut‹ beherrschte. Charlotte von Stein las, las, las, beklagte lebenslang einen Mangel an systematischem Wissenserwerb und sah diesen klar als Ergebnis der gesellschaftlichen Benachteiligung von Frauen. Und Charlotte von Kalb kritisierte bereits das Frauenbild der bedeutenden Männer ihrer Zeit: »*Ich kenne nichts Trivialeres, als die Vorstellung unserer meisten Aufklärer, auch Dichter, über die Frauen.*« Zum Glück war zwischen Frauenbildern, gelebtem Leben und dem literarischen Umgang mit Frauen noch Platz für Widersprüche. Wieland zum Beispiel bevorzugte in der Ehe eine Frau, deren Fürsorge und heiterer Familiensinn nicht durch zu viel Bildung getrübt sein sollte – und bescherte ihr 14 Kinder. Zugleich entdeckte und übersetzte er begeistert Texte antiker Philosophinnen, die von der Frauenforschung erst im 20. Jahrhundert wieder aufgespürt wurden. Schiller pries in seinen Gedichten die züchtige Hausfrau und polemisierte gegen ruhmsüchtige Salonnièren, während in seinen Dramen unbestechliche Heldinnen das Banner seiner gesellschaftlichen Utopie vorantragen oder ungeniert von Regierungsmacht träumen durften. Im Leben genoss er Frauen erst querfeldein (»Ich bin ein Mann!«), erholte sich dann im Dreieck mit einer tüchtigen Ehefrau und einer schönen Seele und beriet nebenher begabte Dichterinnen bei der Arbeit.

Im Gespräch waren die Frauen Spiegel männlichen Genies und Garantinnen ihrer Anerkennung und Wertschätzung als Wissende. Sie wünschten sich aber Gesprächspartner auf Augenhöhe, die ihre Fragen und Beiträge ernst nahmen. Im Sinne der von Anna Amalia angestrebten gleichberechtigten Gesprächskultur war Karl Ludwig von Knebel, Erzieher von Anna Amalias Sohn Constantin, für die Klassikfrauen der partnerschaftlichste, ernsthafteste und auch uneitelste Gesprächspartner, anders als Schiller und Goethe auf der Höhe ihres Ruhmes als Dichterfürsten. Vor dem Hintergrund des von ihnen in den 1790er-Jahren aufgestellten klassischen Kunstideals und ihrer Doktrin vom »Dilettantismus der Weiber« erhält ihre ›Frauenförderung‹ einen deutlichen Beigeschmack der Herablassung. Begabte Frauen durften sich entfalten und wurden gefördert, solange sie sich nicht anmaßten, unter den gleichen Bedingungen wie Männer, nämlich öffentlich, künstlerische Anerkennung finden zu wollen. Sie waren als Mittlerinnen unsterblicher männlicher Ideen und Werke geschätzt, solange sie nicht zu Konkurrentinnen wurden. Einige Frauen opponierten gegen die neuen Kunstmaßstäbe der Klassiker wie Charlotte von Stein und Anna Amalia. Das Erleben eigener Begabung im Verbund mit den Verheißungen der Aufklärung und dem Ungenügen am eigenen Bildungsstand entfachte Lesehunger, Wissbegier, Gesprächslust, Kreativität und den Widerspruchsgeist der Frauen und wurde auch im kleinen Weimar zu einem starken Impuls für wachsenden weiblichen Eigen-Sinn an Anna Amalias Tafelrunde und auch in anderen Kreisen. Die Hofdame Gräfin Henriette von Egloffstein schrieb in ihren Memoiren: »*Übrigens war die weimarische Gesellschaft reich an gebildeten, liebenswürdigen und geistvollen Frauen, die Herrenwelt dagegen, von den berühmten Gelehrten und Dichtern abgesehen, roh und ungehobelt.*« Ihre Folgerung: »*… so zog ich ein geselliges Leben, in dem die Frauen herrschten, jedem anderen vor und fühlte mich unter den Weimaranerinnen bald einheimisch*«.

HERZOGIN ANNA AMALIA

1739–1807

»Die Geringschätzung des weiblichen Geschlechts ist der Geißel zu der Unsittlichkeit (…), Gegenseitige Hochachtung muß unter beyden Geschlechtern existieren, es erhält das Band des geselschaftigen lebens.«

ANNA AMALIA in ihrem Aufsatz über die Geschlechter, undatiert

❉

Anna Amalia, Ölgemälde von Georg Melchior Kraus, 1774

Anna Amalias große kulturhistorische Stunden schlugen im kulturellen Bereich, weniger im politischen. In ihrer Zeit als »*Obervormünderin und Regentin*« von Sachsen-Weimar-Eisenach baute sie in Weimar die herzogliche Privatbibliothek zu einer öffentlich-wissenschaftlichen Bibliothek aus und beförderte die Entwicklung des deutschen Theaters und des bürgerlichen Singspiels. Nachdem ihr Sohn Carl August im Jahr 1775 die Regierung übernommen hatte, initiierte und unterhielt sie einen geselligen Kreis geistig-musischen Miteinanders, der bedeutende Persönlichkeiten des kulturellen Lebens zur Mitwirkung einlud. Die Hofdame Henriette von Egloffstein schreibt in ihren Erinnerungen, Anna Amalia habe die Fähigkeit gehabt, »*die Menschen zu durchschauen, ihre Eigentümlichkeiten zu erkennen und ihnen freien Spielraum zu geben, damit solche sich ungehindert entfalten und im hellsten Lichte zeigen können*«.

Die Herzogin dachte und handelte bewusst als Frau und engagierte sich für eine gleichberechtigte Kommunikation zwischen den Geschlechtern. Sie umgab sich mit eigenständigen, klugen Frauenpersönlichkeiten wie Charlotte von Stein, schuf einen gesellschaftlichen Raum, in dem Frauen sich entfalten konnten, und sie entdeckte und förderte junge musikalische Talente wie Caroline Jagemann.

Anna Amalia hat die Weimarer Klassik nicht begründet, aber sie hat sie ermöglicht. Zur Feier ihres 200. Todesjahres und der Wiedereröffnung der im Jahr 2004 niedergebrannten Herzogin Anna Amalia Bibliothek im Jahr 2007 sind mehrere Biografien erschienen. Einige AutorInnen haben den Legendenkranz um Anna Amalias Musenhof aufgebunden, um dessen Bestandteile auf ihren historischen Wahrheitsgehalt hin zu überprüfen. Andere haben sich Schwerpunktthemen wie der Bibliotheksgeschichte zugewandt. Und wieder andere beleben die kulturhistorische Debatte durch so unterhaltsame Thesen wie die einer heimlichen Liebesbeziehung zwischen Anna Amalia und Goethe. Zur Entmythologisierung der Musenhoflegende gehört, neben einer Neubewertung Anna Amalias als Politikerin, vor allem die Entflechtung ihrer kulturellen Leistungen und des bis heute betriebenen Geniekultes um Goethe und Schiller, den jene selbst einst mit in Gang setzten. Solange der Kult um die Klassiker weiterwirkt, bleibt die Sicht auf Anna Amalia auch aus neuer kritischer Perspektive durch die alten Heroenstandbilder verstellt. Anna Amalias große Zeit, die charmante, eher gemeinschaftsorientierte Frühzeit der Weimarer Klassik, wird dabei leicht zu Unrecht als bloße Vorstufe auf dem Weg zur ›eigentlichen‹ Kunst, zum professionellen Theater und zur großen deutschen Nationalliteratur angesehen.

Was war Anna Amalia nun eigentlich für ein Mensch? Von ZeitgenossInnen wird sie als klug, musisch begabt, temperamentvoll, wissbegierig und unternehmungslustig beschrieben, dazu als scharfe Beobachterin, deren spitze Bemerkungen nicht so recht ins höfische Frauenbild passten. Als Regentin zeigte sie standesgemäßes Pflichtbewusstsein und legte großen Wert darauf, respektiert zu werden. Sie hatte mit Bevormundung und Intrigen zu kämpfen und sah dreimal

Schloss Tiefurt, 2007

hin, bevor sie jemandem vertraute oder ihre Freundschaft antrug. Wenngleich sie diplomatisch klug zu handeln wusste, war ihr Verstellung stets zuwider, und im privaten Rahmen fühlte sie sich freier als bei Hofe. Sie sprach mehrere Sprachen, übersetzte antike Texte, las viel, kannte und sammelte die Literatur ihrer Zeit. In ihrer rund 5000 Bände umfassenden Privatbibliothek befanden sich kaum Militaria, dafür Biografien und fortschrittliche Werke der Aufklärung. Amalia war musikalisch hochbegabt, spielte mehrere Instrumente, komponierte und zeigte auch im Malen und Zeichnen Talent. Der Mode ihrer Zeit gemäß schnupfte sie Tabak und liebte das Kartenspiel. Auf ihrem ländlichen Tiefurter Musensitz fütterte sie frühmorgens gern selbst die Hühner; sie nannte das »*rustizieren*«. Sie hegte eine unstillbare Leidenschaft für Schuhe, mit der sie konsequent den höfischen Sparkurs unterlief. Dafür sollen die Schuhe, wenn die Herzogin sie abgelegt hatte, erst von ihren Hofdamen und dann noch von Bürgerinnen getragen worden sein. Neben einer wertvollen Bücher- und Noten- sowie einer Fächer- und Porzellansammlung hinterließ Anna Amalia einen Berg von literarischen Notizen, ein Märchen, mehrere theoretische Skizzen, den Reisebericht »Briefe aus Italien« und den biografischen Aufsatz »Meine Gedanken« von 1772: »*In meinem 18ten Jahre fing die größte Epoche meines Lebens an; ich wurde zum zweitenmal Mutter, wurde Witwe, Obervormünderin und Regentin. (...) Ich fühlte meine Untüchtigkeit und dennoch mußte ich alles in mir selber finden.*« Als Regentin war Anna Amalia eingebunden in die dynastischen Verflechtungen und Standesstrukturen des Heiligen Römischen Reiches Deutscher Nation, in ihrem kulturellen Denken und Handeln inspiriert von der Aufklärung. Frauen in den gebildeten Kreisen ihrer Zeit lasen begeistert Rousseau. Sie entdeckten die Natur, die neue Einfachheit, ihre Gefühle, ihre Begabungen und wünschten sich mehr Teilhabe an Bildungsgütern. Vereinzelt traten sie als Autorinnen, massenhaft als Leserinnen in Erscheinung. Anna Amalia ging, ihrer Zeit gemäß, von einer Differenz der Geschlechter aus: von einer moralischen Überlegenheit der Frauen, die die ›rohen‹ Männer kultivieren sollten, jedoch nicht von einer ›natürlichen‹ geistigen Unterlegenheit und Unterordnung der Frauen, wie sie von Spätaufklärern wie Campe, Schiller oder

Fichte proklamiert wurden: »*Das Weib gibt, indem es sich zum Mittel der Befriedigung des Mannes macht, ihre Persönlichkeit auf.*« (Fichte zur Ehe, 1794). In ihren gesellschaftlichen Forderungen orientierte sie sich an Gleichheitsvorstellungen der Frühaufklärung. Auch wenn ihr Großvater Friedrich Wilhelm I. noch der Ansicht war, man müsse Mädchen am besten ersäufen: Sie hatte sich selbst als Frau in einer Machtposition erlebt. Am Hof ihres Vaters bekam sie früh einen Eindruck von dem Zweikampf zwischen Sittenlosigkeit und kulturellem Fortschritt, der sie ihr Leben lang bewegte: Für seine Mätressenwirtschaft gab Carl I. im Jahr 30 000 Taler aus; seinem Wolfenbütteler Bibliotheksleiter Lessing zahlte er nur 300 Taler Jahresgehalt. »*Die Weiber lieben, Männer haben nur Begierde*«, schloss Anna Amalia daraus; ihr empfindsames Liebesideal zielte mehr auf seelische Übereinstimmung als auf sexuelle Lust. Weibliche Vorbilder für die Verwirklichung ihres Gesellschaftsideals waren unter anderem Caroline von Hessen-Darmstadt und Luise Dorothea von Sachsen-Gotha, die beide den standes- und geschlechterübergreifenden Umgang an ihren Höfen praktiziert hatten.

Am 6. Mai 1774 brannte das Weimarer Schloss nieder, die herzogliche Familie hatte keinen Wohnsitz mehr. Anna Amalia lebte jetzt in einem Stadtpalais, das von nun an »Wittumspalais« genannt wurde. Auch nachdem sie 1775 ihrem nach der Macht strebenden Sohn erleichtert die Regierungsgeschäfte übergeben hatte, blieb sie auf dessen Wunsch auf ihrem »*Musenwitwensitz*« (Heine). Dort und auf ihren Sommersitzen Schloss Ettersburg und Tiefurt konnte sie ihren Neigungen nachgehen: lesen, malen, musizieren und unterschiedliche kunstsinnige Menschen – Freunde und Fremde, Adlige und Bürgerliche »*beyderley Geschlechts*« – zu Gespräch und zwanglosem künstlerischen Treiben einladen: an ihre Tafelrunde, zu Hauskonzerten oder Aufführungen des Liebhabertheaters. Hier konnte sie im Kleinen etwas von der Utopie freien gesellschaftlichen Miteinanders verwirklichen, das adlige Gastgeberinnen an den großen europäischen Höfen und freidenkerische Damen in ihren Salons schon seit Jahrhunderten erprobten.

Noch während ihrer Regierungszeit hatte sie im Zuge der Erziehungsbemühungen um ihre Söhne fortschrittliche Männer wie Musäus

(1763), Wieland (1772) und Knebel (1773) für ihren Zirkel gewonnen. In deren Gefolge kamen und blieben weitere Dichter und Denker wie Goethe (1775) und Herder (1776), aber auch Künstler wie der Bildhauer Klauer (1773) und der Maler Kraus (1775). In dieser Frühzeit der Weimarer Klassik gehörten neben den Genannten und Herzog Carl August vor allem die Hofdamen von Stein, von Schardt und von Göchhausen, die Kammerherren von Einsiedel und von Seckendorf sowie die Künstlerin Corona Schröter zu ihrem engeren Kreis. Für Mäzenatentum war kein Geld da, also wurden Posten neu besetzt oder geschaffen. Goethe war Anna Amalia von Anfang an willkommen. Sie verteidigte den übermütigen Dichter gegen Anwürfe konservativer Minister und gewann ihn für knapp zehn Jahre als Maître de Plaisir ihres Musenhofes. Auch für die Berufung Herders, der vielen als allzu großer Freigeist galt, machte sie sich stark. Schiller, der ab 1787 gelegentlich in Tiefurt ihr Gast war, kam sie jedoch nie nahe. Montags lud Anna Amalia zu ihren Lesetagen ins Wittumspalais ein, wo unter anderem Stücke von Shakespeare, Lessing, Goethe und Wieland vorgetragen wurden. Für Tiefurt ersann sie eine kleine Salonzeitschrift, das *Tiefurter Journal*, das zwischen 1781 und 1784 in elffacher handgeschriebener Auflage herausgebracht wurde.

Wittumspalais, Stich von Eduard Lobe, undatiert

Anna Amalias Salonkultur hatte Vorbildcharakter für weitere gesellige Kreise in Weimar wie die *Freundschaftstage* bei Luise von Göchhausen oder die bürgerliche Runde, die sich sonntags bei Caroline Herder traf.

Die kritische Biografie von Leonie und Joachim Berger enthält neben vielen aufschlussreichen Details eine zentrale Feststellung: Während das klassische Weimar bis heute für die Literatur bekannt ist, galt Anna Amalias Hauptinteresse der Musik. Als fünftes von 13 Kindern der Herzogin Philippine Charlotte und des Herzogs Carl I. von Braunschweig-Wolfenbüttel wuchs sie in einer Umgebung auf, in der Musik und Theater eine zentrale Rolle spielten; in ihrer Geburtsstadt Wolfenbüttel war 1592 das erste deutsche Standtheater errichtet worden. Auf dem höfischen Spielplan standen italienische Oper und französisches Ballett, doch engagierte Carl I. auch deutsche Schauspieltruppen mit Persönlichkeiten wie Caroline Neuber oder Konrad Ekhof. Anna Amalia erhielt eine umfassende Allgemeinbildung bei ihrem Hauslehrer, dem Gelehrten Abt Jerusalem, und eine gründliche musikalische Ausbildung vom Hofmusiker und Organisten Fleischer. Sie zeigte sich sehr begabt, vor allem auf dem Clavichord. Die Musik nahm in ihrem späteren Leben auch deshalb eine zentrale Stellung ein, weil sie ihr schon früh Trost gespendet hatte: »*Nicht geliebt von meinen Eltern, immer zurückgesetzt, meinen Geschwistern in allen Stücken nachgesetzt, nannte man mich nur den Ausschuß der Natur.*« So beschreibt sie rückblickend ihre freudlose Kindheit. Die Kindheit galt in jener Zeit noch in erster Linie als Vorbereitung auf das Erwachsenenalter – für Mädchen auf ihre Verheiratung.

Als Anna Amalia 1756 mit dem zwei Jahre älteren thüringischen Thronfolger Ernst August Constantin vermählt wurde, traf sie auf den glücklichen Umstand, dass dieser wie sie Musik und Theater liebte. Er rief eine Hofkapelle ins Leben und schloss für die Jahre 1756 bis 1758 mit der Döbbelin'schen Theatertruppe einen festen Vertrag. Nun hatte Weimar – eine Ausnahme in Deutschland! – ein eigenes festes Ensemble. Nach dem frühen Tod des Herzogs im Jahr 1758 wurden die Künstler wieder entlassen; Anna Amalia musste sich erst einmal in der Tagespolitik bewähren. Das kleine territorial zersplitterte, abseits von großen Handelswegen gelegene Herzogtum war herabgewirtschaftet und hoch verschuldet, in der Residenz Weimar gab es anfangs mehr Schweineställe als repräsentative Bürgerhäuser. Nachdem Anna Amalia den übermächtigen Premierminister von Bünau abgesetzt hatte, regierte sie mit Unterstützung zuverlässiger Beamter wie Nonne, Greiner und Fritsch. In der Außenpolitik rang sie mit diplomatischem Geschick um Verständigung bei den einander im Siebenjährigen Krieg (1756–1763) bekämpfenden Mächten Preußen und Österreich. Im Innern bemühte sie sich ohne großen Erfolg, den Schuldenberg abzutragen. Sie initiierte aber dennoch eine Schulreform, änderte das Weimarer Stadtbild, unter anderem durch Niederlegung der Stadtmauern, und setzte konkrete soziale Neuerungen wie die Einrichtung einer Feuerversicherung in Gang. Ihr Versuch, eine Geburtsklinik und ein Hebammeninstitut zu eröffnen, gelang erst unter Carl August, der auch die Unterstützung der Universität Jena fortsetzte. Ab 1761 ließ die Herzogin das »Grüne Schloss«, ein fürstliches Wohnhaus aus der Renaissance, zu einer Bibliothek ausbauen, die ab 1766 öffentlich genutzt werden konnte und für deren Bestandserweiterung sie regelmäßig das Budget überzog – schon ihre Mutter war passionierte Büchersammlerin. Amalias Vorbild war die Gelehrtenbibliothek in Wolfenbüttel, mit der Ausgestaltung des neuen Rokokosaals in Weimar folgte sie einem vergleichbar fortschrittlichen Konzept. Die heute fast eine Million Bände umfassende Herzogin Anna Amalia Bibliothek, seit 2004 durch ein Magazin und ein neues Lesezentrum erweitert, stellt nach wie vor eine literarische Schatzkammer dar, mit kostbaren Buchhandschriften, seltenen Drucken der Reformationszeit und einer reichen Literaturauswahl zur europäischen Aufklärung und Weimarer Klassik. Durch den Brand 2004 gingen wertvolle Gemälde, ein Großteil der Notensammlung Anna Amalias und rund 50 000 Bücher unwiederbringlich verloren.

Das Musikleben in Weimar nahm deutlichen Aufschwung, als Anna Amalia 1761 den Musiker Wolf einstellte. Er gründete eine leistungsfähige Hofkapelle und war für 19 Jahre einer der wichtigsten Musiker in Weimar. Für das Theater engagierte Amalia 1768 die Koch'sche Gesellschaft, 1771 die Truppe Abel Seylers, die auch musikalische Aufgaben übernahm. Ab 1771 konnte das Weimarer Publikum

Der Innenraum des Rokokosaales der Herzogin Anna Amalia Bibliothek
vor dem verherenden Brand von 2004

dreimal pro Woche kostenlos das Theater besuchen. Anna Amalia war, wie Wieland schrieb, davon überzeugt, *»daß ein wohlgeordnetes Theater nicht wenig dazu beitrage, den Geschmack und die Sitten eines ganzen Volkes unvermerkt zu verbessern und zu verschönern«*. Die Fürstin liebte italienische Musik und förderte zugleich das deutsche Singspiel; für italienische Opernbesetzungen war kein Geld da. Das 1770 uraufgeführte, erfolgreiche Singspiel »Die Jagd« war eine Huldigung an sie; der Librettist Weiße nennt sie im Vorwort eine Beschützerin des Schauspiels, und der Komponist Hiller, Leiter des »Großen Konzerts« in Leipzig und Förderer Corona Schröters, erwähnt sie erstmals öffentlich als komponierende Herzogin (1768). Wielands Zusammenarbeit mit dem Musiker Schweitzer gipfelte 1773 in der Uraufführung des Singspiels »Alceste«, der ersten großen deutschen Oper, in der er dem deutschen Publikum erstmalig die Thematik antiker Mythologie eröffnete. Anna Amalia soll heimlich die Proben besucht haben. 1774 unterbrach der Schlossbrand die positive Entwicklung: Das Musiktheater hatte keine Bühne mehr, für die Bürgerinnen gab es keine kostenlosen Theaterbesuche mehr, die Seyler'sche Truppe wurde entlassen, nur die Hofkapelle blieb. Im Jahr 1773 waren an 144 Tagen insgesamt 278 Stücke und Ballette auf die Bühne gebracht worden!

Nach ihrem Abgang von der politischen Bühne machte Anna Amalia aus der Not eine Tugend und initiierte ein gemischtes Laienensemble: das Liebhabertheater. Anna Amalia und Corona Schröter, die einzige professionelle Künstlerin im Ensemble, vertonten für die Aufführungen Singspieltexte von Goethe: die adlige Herzogin 1776 »Erwin und Elmire« und 1778 »Das Jahrmarktsfest zu Plundersweilern«, die bürgerliche Künstlerin 1782 »Die Fischerin«. Sandra Dreise-Beckmann würdigt die Tatsache, »dass gleich zwei Frauen auf so engem Raum Singspiele komponierten« und »eine Herzogin sich (...) mit einer Gattung (beschäftigte), die vor allem das bürgerliche Selbstbewusstsein zum Ausdruck brachte«, als kulturhistorische Einmaligkeit. Abseits vom höfischen Regularium lud Anna Amalia zu Hauskonzerten ins Wittumspalais ein. An diesen »Erholungstagen« trat sie auch als Pianistin und mit eigenen Kompositionen in Erscheinung: mit Kammermusik,

Chorstücken, Arien, Duetten und einer Symphonie. Musik bedeutete für die Herzogin neben Aufheiterung und Genuss eine Kraft, die Menschen Sehnsucht nach Vollkommenheit vermitteln und so fördernden Einfluss auf deren sittlichen Charakter nehmen konnte. In ihrer zweiten Schrift, »Gedanken über die Musick«, setzte sie sich für die Einrichtung von Musikschulen ein: *»Da man für bildende Künste Schulen hat, so weiß ich nicht, warum man nicht auch für die Ton-Kunst, die weit mehr Liebhaber findet, gesorget hat.«*

Anna Amalias Geselligkeitskultur erfuhr in den 90er-Jahren des 18. Jahrhunderts ihren Niedergang. Das hing zum einen mit der bedrückenden politischen Situation zusammen, zum anderen mit der Professionalisierung des Weimarer Theaters. Die lockere Laienkultur des Liebhabertheaters hielt dem neuen absoluten Qualitätsanspruch von Schiller und Goethe nicht stand. Die negative Einengung des Dilettantismusbegriffes auf den »Dilettantismus der Weiber« wurde dabei in der Hand der selbsternannten ›Profis‹ zu einer Waffe, Frauen als Subjekte aus der Kunst auszugrenzen. Anna Amalia bemerkte den Affront sehr wohl, und wenn sie sich mit Abscheu über *»Kunstrichter«* äußerte, so meinte sie konkret auch die anmaßenden Götterlieblinge damit. Goethes Freitagsgesellschaft wurde von ihr aus dem Wittumspalais ausgelagert, nachdem sie zu einem Vortragsort für Professoren geworden war, bei dem Frauen nur noch schweigend zuhörten. In ihrem »Märchen« und in ihren späten Gedankenskizzen stellte sie noch einmal ihr Ideal gleichberechtigt am Gespräch partizipierenden Umgangs der Geschlechter als Sinnbild für eine humane Gesellschaft dar. Stolz und Selbstsucht der Männer aber zerstöre Menschlichkeit, Tugend und *»das Band des Geselschaftigen lebens«*. Die Epoche der Aufklärung selbst bewertete sie am Ende des Jahrhunderts als negativ.

1788/89 gönnt Anna Amalia sich nach langer schwerer Krankheit die Erfüllung eines Lebenswunsches: eine zweijährige Reise durch Italien. *»Ist das nicht ein kühnes Unternehmen?«*, fragt sie Anfang 1788 vergnügt ihren Freund Merck in Darmstadt. In kleiner Besetzung macht sie sich im August 1788 auf den Weg. In Rom befreundet sie sich mit der Malerin Angelica Kauffmann und in Neapel, wohin Herder sie begleitet, mit dem geistreichen, weltläufigen Erzbischof von Tarent, Giuseppe Capecelatro. Aus Neapel schreibt sie am 29. Mai 1789 an Karl Ludwig von Knebel: *»Der Vesuv, zu dessen Füßen ich jetzt wohne, hat die Höflichkeit mir alle Abende ein kleines Feuerwerk zu geben. (…) Vor einigen Tagen war er mit Wolken ganz umkränzt, die Mündung ausgenommen, die eine dunkelrote Flamme ausstieß. Die glühenden Steine, die er auswarf, tanzten leicht in der Luft (…) Es war das schönste Schauspiel, was ich in meinem Leben gesehen habe.«* Die Rückkehr fällt ihr schwer, der Rückzug in Reiseerinnerungen und musische Aktivitäten umso leichter, da die Welt aus den Angeln zu gehen scheint. Wieland, der Anna Amalia ebenso wie Herder in dieser Zeit sehr nahestand, versucht, sie zu trösten: » *(…) unsere Nachtigallen (…) werden sich beeifern, Ew. Durchl. die zärtlichen Abschiedsklagen der Nachtigallen von Tivoli und Frascasti durch ihren jubilirenden Willkomm vergessen zu machen«* (13. Dezember 1789).

1793 kämpfte Sachsen-Weimar-Eisenach neben dem verbündeten Preußen erfolglos gegen die Revolutionstruppen, Anna Amalias Sohn Constantin starb im Feld an einem Nervenfieber. 1803 starb Herder. Der Besuch Germaine de Staëls (1803) und die Ankunft Maria Pawlownas (1804) spendeten noch einmal Trost, gaben Anlass zu Hoffnung. Aber nach der vernichtenden Niederlage der deutschen Truppen 1806 gegen das Heer Napoleons, nach der Flucht und der Plünderung der Musensitze Wittumspalais und Tiefurt starb Herzogin Anna Amalia erschöpft am 10. April 1807.

Ihre Utopie, dass eine Gesellschaft durch egalitäre Bildung auf friedliche Weise zu kultivieren und zu humanisieren sei, schien gescheitert. Zur Bestattungsfeier hielt Goethe seine berühmte Totenrede auf sie. Anna Amalias Grab und die historische Gedenkplatte befinden sich bis heute in der Weimarer Stadtkirche St. Peter und Paul.

Archivmaterialien der Stiftung Weimarer Klassik * Ursula Salentin, »Anna Amalia«, Köln/Weimar/Wien 1996 * Charlotte Marlow Werner, »Goethes Herzogin Anna Amalia«, Düsseldorf 1996 * Gabriele Busch-Salmen u.a., »Der Weimarer Musenhof«, Stuttgart/Weimar 1998 * Joachim Berger (Hg.), »Der Musenhof Anna Amalias«, Köln/Weimar/Wien 2001 * Leonie und Joachim Berger, »Anna Amalia von Weimar«, München 2006 * Detlef Jena, »Das Weimarer Quartett«, Regensburg 2007 * Annette Seemann, »Anna Amalia, Herzogin von Weimar«, Frankfurt am Main/Leipzig 2007

CHARLOTTE VON STEIN

1742–1827

»Ich glaube, daß, wenn ebenso viel Frauen Schriftstellerinnen wären, als Männer es sind, und wir nicht durch tausend Kleinigkeiten in unserer Haushaltung herabgestimmt würden, man vielleicht auch einige gute darunter finden würde, denn wie wenige gute gibt es heute unter den Autoren ohne Zahl.«

CHARLOTTE VON STEIN am 24. November 1798 in einem Brief an Charlotte Schiller

Charlotte von Stein, Selbstbildnis, Silberstiftzeichnung, verschollen, reproduziert nach historischem Foto

Viel ist über Charlotte von Stein im Laufe der Zeit gesagt und geschrieben worden, besonders viel über ihre Beziehung zu Goethe, immer noch viel zu wenig über sie selbst. Von den einen wird sie gepriesen, weil sie den ungebärdigen Dichter kraft höfischer weiblicher Tugenden und moralischer Festigkeit zähmte, erzog und als ›seine Muse‹ zu bedeutenden Werken inspirierte. Von den anderen wird sie geschmäht, weil sie mit Vorwürfen, Erbitterung, Eifersucht und schließlich mit Depression anstatt mit Verständnis, Großzügigkeit und souveräner Nachsicht im Umgang mit einem genialen Götterliebling reagierte, als jener sie verließ.

Fest steht: Sie war eine äußerst bemerkenswerte Frau, der es nicht nur im Licht eines Kulturheroen oder in dessen Schatten, sondern auch als eigenständige, ja eigenwillige Persönlichkeit heute noch – oder wieder – zu begegnen lohnt: *»Frau von Stein ist diejenige hier unter uns allen, von der ich am meisten Nahrung für mein Leben ziehe. Reines richtiges Gefühl bei natürlicher, leidenschaftsloser, leichter Disposition haben sie bei eigenem Fleiß und durch den Umgang mit vorzüglichen Menschen, der ihrer äußerst feinen Wißbegierde zustatten kam, zu einem Wesen gebildet, dessen Dasein und Art in Deutschland schwerlich oft wieder zustande kommen dürfte. Sie ist ohne alle Prätention und Ziererei, gerade, natürlich, frei, nicht zu schwer und nicht zu leicht, ohne Enthusiasmus und doch mit geistiger Wärme, nimmt an allem Vernünftigen Anteil und hat feinen Takt, selbst Geschicklichkeit für die Kunst«*, so beschrieb sie einst ihr treuer Freund Carl Ludwig von Knebel.

Bei näherem Hinsehen erscheint die gemeinhin als so sittenstreng und konservativ geltende Freifrau von Stein als ein erstaunlich unkonventioneller und kritischer Geist. Ausgerechnet von ihr stammen die emanzipatorischsten und patriarchatskritischsten Äußerungen aller Frauen der Weimarer Klassik! Sie konnte sich nicht abfinden mit all den angeblich von der Natur auferlegten Zumutungen der weiblichen Rolle als Gattin, Hausfrau und Mutter, sie begehrte auf. Ende Mai 1796 antwortet sie ihrer Freundin Charlotte Schiller, als diese über Schwangerschaftsbeschwerden klagt: »*(...) schwer lag der Gedanke auf mir, warum die Natur ihr halbes Geschlecht zu dieser Pein bestimmt habe. Man sollte den Weibern deswegen viele andere Vorzüge des Lebens lassen, aber auch darin hat man sie verkürzt, und man glaubt nicht, wie zu so vielen tausend kleinen Geschäften des Lebens, die wir besorgen müssen, mehr Geisteskraft muß aufgewendet werden, die uns für nichts angerechnet wird, als die eines Genies, der Ehre und Ruhm erntet.*« Die hunderteinprozentig untadlige Hofdame wünscht sich heraus aus den tausend kleinen Alltagsplagen, sie hat ›männliche‹ Ambitionen: »*Im Traum sah ich ein dickes schön gebundenes und gedrucktes Buch, das ich allein geschrieben hatte*«, schreibt sie am 18. September 1798 an Lotte Schiller.

Nach früher Berufstätigkeit, Familiengründung mit sieben schweren Geburten innerhalb von zehn Jahren – alle vier Töchter starben jeweils vor Vollendung des ersten Lebensjahres, der Sohn Ernst starb zwanzigjährig an Knochentuberkulose –, nach jahrelanger Pflege ihres schwerkranken Ehemannes – er starb 1793 – und nach der äußerst schmerzhaften mehrjährigen Zeit der Entfernung und Trennung von Goethe – nach alldem – nimmt sie sich schließlich ein ›Drittes Leben‹ heraus, in dem sie ihre Kreativität und geistige Unternehmungslust wiederentdeckt und noch einmal aus sich heraus befördern will. Sie reitet

Haus der Frau von Stein, 2007

wieder – nun im englischen Sitz! – und läuft im Winter Schlittschuh, sie stürzt sich in Tanzbälle, wie früher, und dazu ins Glücksspiel. Sie richtet sich ein »*Malstübgen*« ein, nimmt, wie ihre einstige Konkurrentin Corona Schröter, Unterricht an der Freien Zeichenschule, kauft sich gleich mehrere neue Musikinstrumente. Und sie schreibt – obwohl sie denkt, dass es eigentlich schon zu spät dazu ist, die gravierenden Bildungslücken der mangelhaften Mädchenerziehung noch aufzuholen: »*Zu einem nie gehabten Begriffe muß sich in uns sogar erst ein Organ bilden, mit dem man ihn fassen kann*«, resümiert sie kritisch in einem Brief an Charlotte Schiller vom August 1799. Dennoch entsteht 1793/94 ihre Tragödie »Dido«, der utopische Entwurf eines auf Frauenfreundschaft gegründeten, weiblich geprägten Friedensreiches; männliche Machtkämpfe und Kriege waren ihr schon seit frühester Jugend verhasst. In ironisch-satirischer Tonlage begleicht sie in der »Dido« nicht nur ihre private Rechnung mit Goethe – sie lässt ihn in ihrem Stück als rundbäuchigen, ebenso bestechlichen wie leidenschaftslosen Hofdichter »Ogon« in Erscheinung treten –, sondern nimmt generell die hehren Kunstideale der Weimarer Klassik und deren Vertreter, die Dichterfürsten, aufs Korn. (Ogon: »*Mich brachte nie, selbst in der stürmischten Leidenschaft, das Andenken einer Geliebten um eine Stunde Schlaf, so sollen mich auch die politischen Verhältnisse nicht darum bringen.*«) Immer kritischer werden auch die Bemerkungen in ihren Briefen. Spöttisch kommentiert sie im August 1799 in einem Brief an Lotte ihre eigene konträre Position: »*Ich habe eigentlich den Geschmack des Publikums, also den gemeinen (…), und wenn ich schreiben könnte, würde vermutlich auch nichts Besseres herauskommen.*«

In Caroline von Wolzogen findet sie eine begeisterte literarische Mitstreiterin. Beiden macht das Schreiben große Freude. So berichtet Charlotte am 28. Mai 1798 ihrem Sohn Fritz: »*Längst hätte ich ein Blatt wieder für dich angefangen (…) hielte mich nicht oft eine Gesellschaft davon ab, mit der ich mich recht bequem unterhalte und mit der es gar gut leben ist. Genug, ich schreibe eine Komödie; denn je älter man wird, je lustiger muß man sich das Leben lassen vorkommen.*« 1799 ist die Komödie »Neues Freiheitssystem oder die Verschwörung der Liebe« abgeschlossen, 1800 vollendet sie zwei weitere Komödien. Mit dem Verwechslungsstück »Die zwey Emilien« wird sie erstmalig das Wunder erleben, durch ihr eigenes Schreiben sogar Geld zu verdienen. 1803 erscheint diese einzige Publikation Charlottes zu ihren Lebzeiten, von Schiller vermittelt, anonym bei Cotta. Auch in diesem Stück äußern die Frauenfiguren die Kritik der Autorin an den herkömmlichen Geschlechterrollen. Ihre ungebändigte Heldin Emilie, für die am Ende nur Platz im Kloster bleibt, hören wir im Schlussmonolog sagen: *»Ja, es bleibt wahr und gewiß. Nie standen die Frauen an ihrem gehörigen Platze, weder nach der Ordnung der Natur noch nach dem Vertrag der gesellschaftlichen Einrichtung (...) Aber ich habe eine Männerseele und will auf keine Art Fesseln tragen.«*

Charlotte von Stein war eine der wichtigsten und kontinuierlichsten Anregerinnen und Mitwirkenden der weiblichen Geselligkeitskultur in der Weimarer Klassik, auch wenn sie niemals einen eigenen Salon führte. An schönen Tagen konnte man sie, so wird es beschrieben, vor dem Eingang ihres Hauses sitzen sehen, am blau gekachelten Teetisch unter »blühenten« Orangenbäumen, ins Gespräch vertieft mit ihrer Nichte, der jungen Schriftstellerin Amalie von Imhoff, mit dem Prinzenerzieher und literarischen Freund Ludwig von Knebel, dem Superintendenten und Seelsorger für liebeskranke Damen Johann Gottfried Herder oder auch mit der sonst so kontaktscheuen Herzogin Luise, die sich ungebührlich herzhaft in die Hofdame ihrer Schwiegermutter, Charlotte von Stein, verliebt hatte und ihr leidenschaftliche Briefe schrieb. Dieser Teetisch, an dem die maßvolle Charlotte mit geradezu maßloser Genusssucht dem Bohnenkaffee zugesprochen haben soll, wurde in Weimar zu einem Symbol kultivierter Gespräche und freundschaftlicher Begegnung.

Ausgestattet mit den in strenger Form verabreichten, aber rollengemäß allzu knapp portionierten Bildungsgütern, die weibliche Adelsangehörige für den Hofgebrauch erhielten, war Charlotte im Jahr 1758, als Sechzehnjährige, bei der nur drei Jahre älteren Herzogin Anna Amalia Hofdame geworden. Hier zeigte sie nicht nur großes Geschick und eine leichte, sichere Hand im Umgang mit höfischem Zeremoniell, sondern auch ihre ausgeprägte Begabung fürs Ballett und für geistreiche Konversation, verbunden mit einem leidenschaftlichen Interesse für die

neuesten literarischen, philosophischen und naturwissenschaftlichen Publikationen. Charlotte imponierte nicht nur durch Wissbegier, klugen Realitätssinn und feinste Manieren, sondern auch durch ihre herzliche Anteilnahme an anderen. Dazu nahm sie kein Blatt vor den Mund. Zu den »großen Männern« ihrer Zeit sah sie nicht bewundernd auf, Schwärmerei war ihr fremd. Frauenfreundschaften spielten in ihrem Leben eine bedeutende Rolle: zu Herzogin Luise, zu ihrem Patenkind Lotte von Lengefeld, verh. Schiller, zur Hofdame Henriette von Knebel, Ludwig von Knebels Schwester, und zu Charlotte von Kalb.

Als die junge Frau zweiundzwanzigjährig nach der für sie nicht nur in materieller Hinsicht glücklichen Heirat mit dem sieben Jahre älteren Oberstallmeister Josias von Stein im Jahr 1764 offiziell aus dem Hofdamenstatus ausschied, blieb sie weiterhin eine unentbehrliche Mitwirkende des geselligen Lebens um die Herzogin. Auch gab das neue Traumpaar von Stein auf dem höfischen Tanzparkett alsbald den Ton an. Mit ihrer grazilen Gestalt und schwebenden Gangart, ihrem aparten Gesicht und den großen dunklen Augen zog Charlotte die Blicke auf sich. Auch ihr

Schloss Kochberg, Aquarell von Karl Freiherr von Stein, um 1820

Mann wird als anziehende Erscheinung, ja als ausgesprochen gut aussehend geschildert. Dazu war er vielseitig gebildet, auch musikalisch begabt, mit einem geradlinigen Charakter und mit Takt und Herzenswärme ausgestattet. Als der siebenundzwanzigjährige Goethe im Frühjahr 1776 ins Leben der fünfunddreißigjährigen Charlotte trat, empfand Josias ihn nicht als Konkurrenten, sondern als Unterstützer und Beschützer der Familie; Goethe und Josias von Stein waren befreundet.

Im Gegensatz zu Herzogin Anna Amalia war Charlotte von Stein nach ihrer ersten Begegnung mit dem jungen Dichter Ende 1775 eher abgestoßen als begeistert. Dass sie sich über Goethes *»unanständiges Betragen, mit Fluchen, mit pöbelhaften niederen Ausdrücken«* aufregte und auch während der Liebesbeziehung stets darum bemüht war, dem jungen Wilden Anstand und gute Sitten beizubringen, wird umso verständlicher, wenn man sich die unauslöschbar peinlichen Erfahrungen ins Gedächtnis ruft, die sie in ihrer Kindheit und Jugend mit dem eigenen Vater machen musste. Der aus unvermögendem Landadel stammende Johann Christian von Schardt wirkte beim regierenden Herzog Ernst-August in Eisenach zunächst als Reisemarschall. Nachdem er 1742 Hofmarschall geworden und mit der Familie nach Weimar umgezogen war, erwarb er am Hof einen so zuverlässig schlechten Ruf als Aufschneider, Besserwisser und eitler Geck, dass die junge Herzogin Anna Amalia ihn 1759, gleich nach Regierungsantritt – bei voller Gehaltsfortzahlung! – von ihrer Tafelrunde verbannte. Zu diesem Zeitpunkt hatte der Herr einen Gutteil der Mitgift seiner aus schottischem Adel stammenden Gattin Concordia, geborene von Irving, bereits großzügig ausgegeben. Der ebenso gottergebenen wie lebenstüchtigen Concordia bescherte der

---

Charlotte von Stein im Alter, Lithografie, Künstler unbekannt, undatiert

begnadete Mann nebenbei in siebzehn Ehejahren elf Schwangerschaften und seiner gesamten Familie abschließend, als er 1790 starb, nichts außer einem riesigen Berg von Schulden.

Zurück zu Charlotten und Goethen. Noch am 8. März 1776 schrieb die Hofdame mit dem ihr eigenen nüchternen Realitätssinn an ihren Freund und Vertrauten, den Hannöverschen Hofarzt und Kurmedikus Zimmermann: »*Ich fühl's, Goethe und ich werden niemals Freunde. Auch seine Art mit unserem Geschlecht umzugehn, gefällt mir nicht. Er ist eigentlich, was man coquette nennt, es ist nicht Achtung genug in seinem Umgang.*« Ihre Kritik legte sie auch 1776 in Gestalt einer Glosse auf den Frauenhelden Goethe in dem kleinen Theaterstück »Rino« nieder. Aber schon einen Monat später, im Brief vom 10. Mai 1776, hatte sich die Tonlage im milden Licht frischer Verliebtheit verändert: »*Mit Goethen geht's mir wunderbar (…) Was wird er wohl noch mehr aus mir machen?*« Sie wuchsen aneinander, inspirierten einander. Goethe verewigte Charlotte unter anderem literarisch als Iphigenie in seinem Drama »Iphigenie auf Tauris«. In seinen Gedichten nannte er die Geliebte »Lida«. Seine Briefe, die vielen von dem Liebesboten Fritz von Stein gesammelten »*Zettelgen*«, auch Liebesgaben wie ein bemalter Ofenschirm und ein eigens für Charlotte angefertigter Sekretär sowie sonstige Dokumente, die wir heute noch im Museum des Stein'schen Wasserschlösschens Großkochberg sehen können, legen Zeugnis ab von der Intensität und Innigkeit der Beziehung. Am 28. Januar 1776 schrieb der verliebte Goethe: »*(…) leide, dass ich dich so lieb habe. Wenn ich iemand lieber haben kann, so will ich dir's sagen. Will dich ungeplagt lassen. Adieu Gold. Du begreifst nicht wie ich dich lieb hab.*« Und am 4. März: »*Ich bitte dich doch Engel komm ia mit auf Ettersburg. Du sollst mir da mit einem Ring ans Fenster, oder Bleistifft an die Wand ein Zeichen machen dass du da warst – du einzig Weibliches, was ich noch in der Gegend liebe.*« Von Charlotte existieren aus jener Zeit leider keine Briefe mehr, nur eine Notiz auf dem Rand eines Goethe-Briefes vom Oktober 1776: »*Obs unrecht ist, was ich empfinde – / und ob ich büßen muß die mir so liebe Sünde / will mein Gewissen mir nicht sagen; / vernicht' es Himmel, du! Wenn michs je könnt' anklagen (…)*«. Und 1801 benennt sie im Rückblick an ihren Sohn Fritz

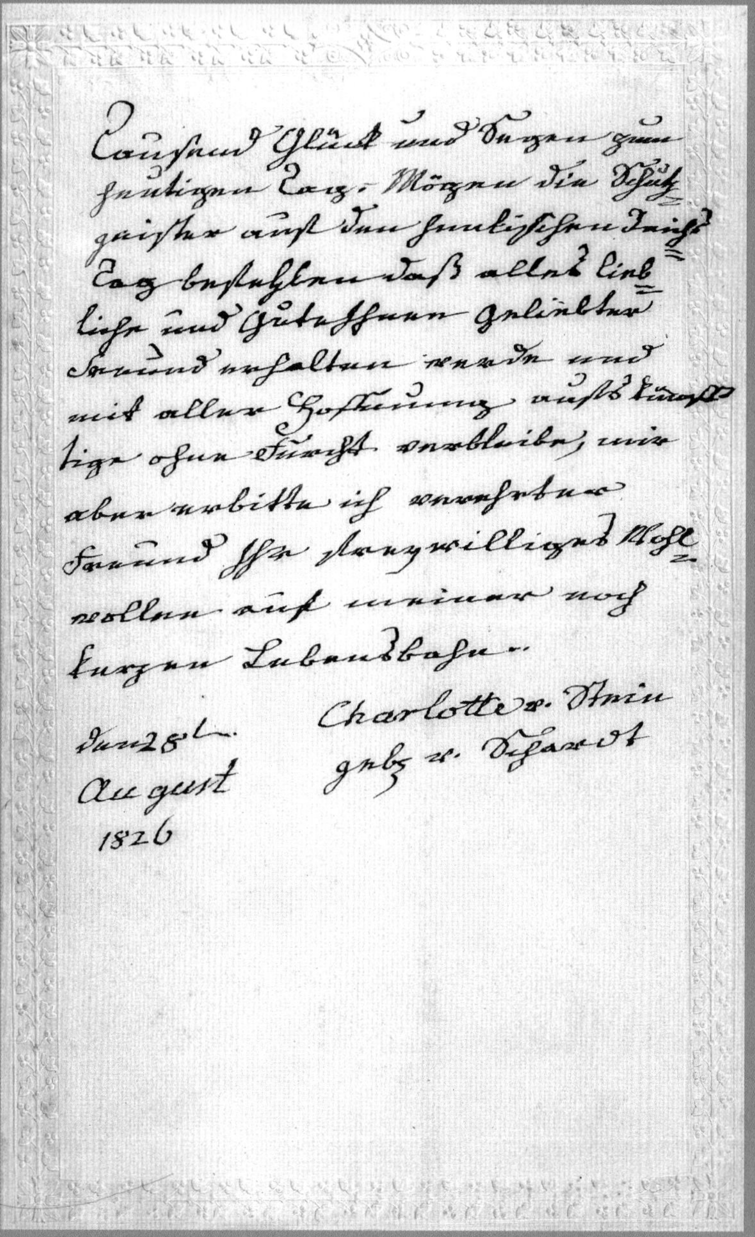

Tausend Glück und Segen zum
heutigen Tag. Mögen die Schutz=
geister auf den herrlichen Fest=
Tag befehlen daß alles lieb=
liche und Gute Ihnen geliebter
Freund erhalten werde und
mit aller Hoffnung auf's künf=
tige ohne Furcht verbleibe; mir
aber erbitte ich verehrter
Freund Ihr ferner williges Wohl=
wollen auf meiner noch
kurzen Lebensbahn.

Charlotte v. Stein
geb. v. Schardt

den 28ten
August
1826

Geburtstagsgruß von Charlotte von Stein an Goethe, 28. August 1826 ihren unvermindert hohen Anspruch an eine derartige Beziehung: »*Eine dauernde Liebe kann nur nach meinem Begriff durch das wechselseitige Bestreben, um des andern willen immer besser zu werden, sich erhalten.*«

Der weitere Fortgang der Geschichte – von Goethes hartnäckiger, 1781 endlich erfolgreicher Bemühung, Charlotte mit »Du« anzureden über alle Wipfel und Gipfel der Liebe bis hin zu Goethes Entfernung und heimlicher Flucht nach Italien im Jahr 1786 – ist vielfach beschrieben worden und hinlänglich bekannt. Das ewige Rätselraten um das erotische Miteinander des unkonventionellen Paares, über das interessanterweise ausgerechnet die sittenstrenge Herzogin Luise schützend ihre Hand hielt – das Rätselraten also, ob sie nun ... oder ob sie nicht ..., wird womöglich niemals ein Ende haben. Aber ist das Lüften des bergenden Vorhanges wirklich so interessant? Fest steht, dass die Liebesauffassung in der damaligen Zeit ohnehin eine andere war als heute; Charlotte und Johann Wolfgang waren, wenngleich von unterschiedlichen Rollenbildern geprägt, beide mit dem Ideengut des Pietismus aufgewachsen. Gedanken von Seelenwanderung, Seelenverwandtschaft und von Wiederbegegnung in einem anderen Leben waren ihnen vertraut. Sie spiegeln sich auch in Goethes Gedichten wider: »*Ach, du warst in abgelegten Zeiten / meine Schwester oder meine Frau.*« Fest steht außerdem einerseits, dass die Hofdame von sexueller Leidenschaft nicht gerade gepeinigt war; schließlich war sie von diesem zweifelhaften Vergnügen allzu oft schwanger geworden (1801 an Fritz: »*Ich kann nicht instinktmäßig lieben, wie ich's bei Vielen sehe*«). Fest steht andererseits, dass Italien für den Dichter einen geistigen und erotischen Jungbrunnen bedeutete, dessen Sprudeln er nach seiner Rückkehr auch in Weimar nicht mehr missen wollte. Und so wurde nun bekanntlich Christiane Vulpius für ihn zur idealen Partnerin – während Charlotte sein ihr 1778 gewidmetes Gedicht »An den Mond« zum Abschiedsgedicht »An den Mond nach meiner Manier« umdichtete: »*Lösch' das Bild aus meinem Herz / Vom geschiednen Freund, / Dem unausgesprochner Schmerz / Stille Thräne weint (...)*« Vermittelt durch den kleinen August von Goethe, der die »Tante Stein« hartnäckig besuchte und – trotz seiner unmoralischen Entstehungsweise – anstelle des Vaters nach und nach einen Platz in ihrem

Herzen eroberte, redeten die Frau Baronin und der Geheime Rat nach Jahren der Trennung schließlich wieder miteinander. Auch wenn ihnen das vertraute Du aus vergangenen Liebeszeiten nicht mehr über die Lippen kam, pflegten sie schließlich wieder einen achtungsvollen, freundschaftlichen Umgang. Goethe ließ manche Köstlichkeit aus seiner Küche schicken, Charlotte von Stein revanchierte sich, zum Beispiel mit einem bestickten Portefeuille, und besuchte nach Möglichkeit regelmäßig die literarischen Donnerstagvormittage im Haus am Frauenplan.

Im neuen Jahrhundert musste Charlotte von Stein sich nicht nur mit zunehmender Vereinsamung und Krankheit auseinandersetzen, sondern auch, darin besaß sie ja bereits existenzielle Erfahrung, mit bitterer Verarmung. Die kriegerischen Auseinandersetzungen des Herzogtums mit den Truppen Napoleons spielten ihr besonders übel mit. Zweimal, erst 1806, dann 1813, wurde ihre Wohnung komplett geplündert und verwüstet, verlor sie all ihre bewegliche Habe. Um beim Abzahlen der Zinsschuld ihres glücklosen Herzenssohnes Fritz zu helfen, gab sie schließlich ihren eigenen Haushalt ganz auf und ließ sich schlichte Mahlzeiten vom Speisehaus kommen – was Fritz letztlich auch nicht rettete. Später wird er einmal von sich sagen, aus ihm sei nichts Rechtes geworden, weil man ihn in seiner Jugend zu sehr verwöhnt habe. Das konnte Karl, Charlottes älterer Sohn, nicht von sich behaupten. Er hegte, pflegte und beackerte Kochberg, richtete seiner Mutter dort sogar ein kleines Liebhabertheater ein – doch letztlich war sie nie mit ihm zufrieden und zankte ständig mit ihm herum. Karl muss, ähnlich wie sein Vater, ein großes, grundgütiges Herz gehabt haben. Er trug die ungerechte Verteilung der Mutterliebe meist mit Fassung und trug seinem kleinen Bruder niemals etwas nach, schüttete diesem aber ab und zu sein Herz aus.

Als schließlich Fritz aus Weimar wegzog, vereinsamte Charlotte noch mehr, da wollten auch Hunde und Kanarienvögel nicht helfen. Von zwei Begleitern aber ist Charlotte auch in den härtesten Zeiten niemals verlassen worden: von ihrem Hunger nach geistiger Auseinandersetzung und systematischem Wissen und von ihrem treuen Gesprächspartner Karl Ludwig von Knebel. Noch als Siebzigjährige interessierte sie sich für wissenschaftliche Fragen, diskutierte mit Knebel über Leibnitz, Spinoza und den Sternenhimmel: »*Den Ring des Saturn, wovon Sie mir sagen, hätte ich gar so gern noch gesehen, ehe ich von unserem Planetern abreise; aber ich konnte nie dazu kommen (…). Vermutlich werden wir mehrmals auf die Universität der Welt geschickt, und da werde ich hoffentlich das Versäumte nachholen.*« Trotz freundschaftlicher Besuche, unter anderem von Knebel und von Prinzessin Caroline, führte die inzwischen über siebzigjährige Charlotte von Stein einen immer mühevolleren Kampf gegen Einsamkeit und Schwermut. Im Januar 1827 starb sie schließlich in aller Stille und wurde auf dem Neuen Friedhof (heute: Historischer Friedhof) bestattet. Karl Ludwig von Knebel verfasste für seine Freundin ein Gedenkgedicht, das zur Trauerfeier als Privatdruck an die Gäste verteilt wurde. Die erste Stophe lautet:

»*Schlafe sanft, du fromme Hülle*
Eines Geist's, der Leben gab!
Treuer Freundschaft Segensfülle
Senkt mit dir sich in das Grab.«

Schon sechzehn Jahre zuvor hatte Charlotte mit dem ihr eigenen lakonischen Witz für sich selbst eine Grabinschrift gedichtet. Diese ist zwar nicht auf dem Grabstein, aber im Brief an Knebel vom 18. Mai 1811 verewigt:

»*Sie konnte nichts begreifen,*
die hier im Boden liegt,
Nun hat sie's wohl begriffen,
da sie sich so vertieft.«

Charlotte von Stein, »Dramen«, in: »Frühe Frauenliteratur in Deutschland«, hg. von Susanne Kord, Hildesheim/Zürich/New York 1998 * Wilhelm Bode, »Charlotte von Stein«, Berlin 1927 * Anne Fleig, »Weimar und das dramatische Werk von Charlotte von Stein«, in: Iris Bubenik-Bauer, Ute Schalz-Laurenze (Hg.), »Ihr werten Frauenzimmer, auf! Frauen der Aufklärung«, Frankfurt am Main 1995 * Jochen Klauß, »Charlotte von Stein«, Düsseldorf/Zürich 1995 * Sybille Bertholdt, »Mir geht's mit Goethen wunderbar. Charlotte von Stein und Goethe – die Geschichte einer Liebe«, München 1999

CORONA SCHRÖTER

1751 – 1802

»Die Männer suchen doch zuerst
die Schönheit an der Frau,
oder vielmehr an den Frauen.
Denn an einer genügts nie.«

Ausspruch CORONA SCHRÖTERS,
Notiz vom 22. Januar 1799 von Karl August Böttiger in »Literarische Zustände und Zeitgenossen«

⁂

Corona Schröter, Selbstporträt, Ölgemälde, um 1780

Corona Schröter hat die Frauen und Männer ihrer Zeit zu so begeisterten Äußerungen und Huldigungen hingerissen wie nur wenige andere Frauenpersönlichkeiten der deutschen Spätaufklärung. Die Herren verliebten sich reihenweise in sie, aber auch die Damenwelt war von ihr beeindruckt. Minna Körner, mit Schillers Freund Theodor Körner verheiratet, fürchtete noch nach über zwanzig Jahren, dass ihr Mann Corona bei einer erneuten Begegnung wieder verfallen würde. Coronas Selbstbildnis zeigt eines der anmutigsten und gelungensten Frauenporträts der Klassik, das in seiner zeitlosen Schönheit geradezu modern anmutet. Die Künstlerin hat sich im Stil der Rousseau'schen ›neuen Einfachheit‹ dargestellt. Sie trägt keinen Schmuck, auch keinen künstlichen Haarturm. Das braune Haar liegt in natürlich gelockter Fülle um ihr Haupt, der Blick ist lebhaft und klar, ein wenig prüfend. In ihrer Weimarer Zeit schuf Corona Schröter für sich einen eigenen Bekleidungsstil. Sie trug, in Anlehnung an ihre große Rolle als Iphigenie, ein schlichtes weißes »griechisches« Gewand, in dem sie sich frei bewegen konnte und in dem ihre hohe, schlanke Gestalt besonders gut zur Geltung kam. Die Schnürbrust und der Rokoko-Reifrock mit dem unsäglichen Drahtgestell hatten ausgedient. »Edel« – dieser Ausdruck fällt immer wieder in Beschreibungen von Corona. Sie war klug, kultiviert und selbstbewusst, kannte sich aus in Literatur und Kunst, sprach fließend Polnisch, Französisch, Englisch, Italienisch und spielte Zither, Laute, Flöte und Klavier. Dazu malte, ritt, tanzte sie und war eine exzellente Schlittschuhläuferin. Als Schauspielerin galt sie als mindestens ebenso große Meisterin ihres Fachs wie als Sängerin. Was sie aber wohl vor allem auszeichnete, war eine feine konzentrierte, vollkommen natürlich wirkende Innigkeit und Intensität des Ausdrucks, mit der sie das Publikum sofort in ihren Bann zog und ein für alle Mal für sich gewann. In den Jahren um 1770 war Corona Schröter auch über die deutschen Grenzen hinaus bekannt und berühmt.

»Es ist sündlich, wie man in Weimar mit den Toten umgeht. Über Personen, die wirkliche Verdienste für sich und die Gesellschaft hatten,

habe ich acht Tage nach ihrem Tod auch nicht einen Laut mehr reden hören. Sie waren wirklich ins Nichts übergegangen«, schrieb Carl Ludwig von Knebel im Spätsommer 1802 an seine Schwester Henriette, Hofdame der Prinzessin Caroline von Sachsen-Weimar-Eisenach. Die Rede ist von Corona Schröter, die am 23. August 1802 in Ilmenau gestorben war und drei Tage später dort auf dem Friedhof in aller Stille ohne Feier bestattet wurde. Niemand aus dem Weimarer Freundeskreis kam zur Beerdigung, kein Goethe, kein Carl August und auch nicht ihr einstiger Liebhaber Hildebrand von Einsiedel. Nur wenige, wie die beiden Knebels und die junge Prinzessin Caroline, nahmen Anteil. Caroline stiftete anonym einen von ihr selbst entworfenen Grabstein. Er wurde von der Bildhauerin Angelica Facius ausgeführt und zeigte ein Ensemble aus Harfe, Lorbeerkranz, Schmetterling und Tränenkrug. Auch die Geschichte des Grabes spiegelt den beklagten Umgang mit Corona Schröters Andenken wider: Bald zerbrach und verkam der schöne Stein, die 1844 erneuerte Grabplatte war 1873 schon wieder unauffindbar. 1908 wurde das Grab umgestaltet, und die ursprüngliche Grabstätte verschwand unter einem neuen Weg über den Friedhof. Erst heute wird der Künstlerin in Ilmenau wieder würdig gedacht.

Corona Schröter wurde 1751 in Guben/Schlesien geboren. Ihre Mutter Maria Regina, geb. Hefter, kam aus einer Schuhmacherfamilie, ihr Vater wirkte als »Hauboist« im polnisch-sächsischen Regiment des Grafen Brühl. Nach dem frühen Tod der Mutter bildete er seine zwei Töchter und zwei Söhne zu professionellen MusikerInnen aus.

Ab 1756 lebten die Schröters in Warschau, von 1763 an in Leipzig. Corona erhielt umfassenden Musikunterricht bei Johann Adam Hiller, dem Schöpfer des bürgerlichen deutschen Singspiels. 1764 stand die Dreizehnjährige als Solosopranistin in der Vorgängereinrichtung des Gewandhauses, dem »Großen Konzert«, unter Hillers Leitung auf der Bühne. Mit ihrer Debütarie »Pensa, oh Dio, bel idol mio« von Baldassare Galuppi riss sie die verwöhnten Kaufleute zu Begeisterungsstürmen hin und wurde ab sofort für vierhundert Taler Jahresgehalt – üblich waren sonst zweihundert Taler – fest engagiert. Neben der 1766 als zweite Sopranistin verpflichteten siebzehnjährigen Gertrud Elisabeth

Schmehling (La Mara) machte sie das »Große Konzert« berühmt. Beide waren von unzähligen Verehrern umschwärmt, Gedichte wurden auf sie geschrieben, Flugblätter verfasst. 1765 kam ein Sechzehnjähriger zum Jurastudium nach Leipzig, der für Verehrer Coronas sogar Auftragsgedichte verfasste und sich im Übrigen als rechter Stutzer gebärdete: Johann Wolfgang Goethe. Die persönliche Bekanntschaft mit der Sängerin machte er im Haus des Musikverlegers Breitkopf. Die beiden begegneten einander auch im Zeichenunterricht bei Adam Friedrich Oeser. In welcher Beziehung sie damals tatsächlich zueinander standen, ist nicht genauer bekannt.

»Der Erlkönig« von Goethe, vertont von Corona Schröter, Handschrift, 1782

Im Jahr 1771 flog Corona ein neuer Verehrer zu: der neunzehnjährige Musiker Johann Friedrich Reichardt. Ein Jahr lang musizierten die beiden fast täglich miteinander, Reichardts Ambitionen als Liebhaber wies Corona jedoch zurück. Reichardt, später bedeutender Liederkomponist und Hofkapellmeister unter Friedrich dem Großen, erinnert sich in seiner Biografie: »*Besonders declamierte sie das Recitativ meisterhaft. Ihre schöne Gestalt, ihre edle, hohe Haltung, ihr bewegliches, ausdrucksvolles Gesicht gab diesem recitativischen Vortrag eine Kraft, einen Zauber, den ich nie gekannt, vorher nie empfunden hatte.*«

In den Jahren 1772 bis 1774 ging Corona mit Vater und Geschwistern auf Tournee. Das Konzert vom 2. Mai 1772 im Londoner »Thached House«, in dem sie unter der Leitung von Johann Christian Bach und Carl Friedrich Abel gemeinsam mit ihren Brüdern in London auftrat, gilt gemeinhin als Höhepunkt der Gastspielreisen der damals in Europa bekannten Schröter-Familie. Für Johann Samuel Schröter bedeutete es den Beginn seines Aufstiegs zum bedeutendsten Pianisten und Musikpädagogen Englands in der zweiten Hälfte des 18. Jahrhunderts; Mozart hat ihn bewundert. Nach erfolgreichen Konzerten kehrte Corona 1774 ans »Große Konzert« nach Leipzig zurück, wissend, dass ihre Stimme, die vom Vater in ihrer Jugend aus Ehrgeiz übertrainiert und so auf Dauer geschwächt worden war, nicht mehr lange anstrengenden Partien auf großen Bühnen würde standhalten können. Sie sah sich deshalb nach einem festen Engagement als Sängerin an einer Privatbühne um. Obwohl sie auch als Schauspielerin hoch talentiert war, wollte sie nicht in diese für Frauen damals mit zweifelhaftem Ruf und oft mit sozialem Elend verbundene Wanderexistenz wechseln. Wie geschätzt Corona Schröter auch als Schauspielerin war, zeigt unter anderem die Widmung des in der von Johann Gottfried Dyck und Christian Heinrich Schmid 1775 herausgegebenen »Chronologie des deutschen Theaters«. Dyck schreibt: »*Wenn schon öfters Autoren Ihren musikalischen Talenten huldigen, so hat noch keiner gegen Ihre theatralische Kunst die öffentliche Ehrfurcht an den Tag gelegt, die Ihnen gebührt. Stolz darauf, hierinnen der erste zu seyn, setze ich Ihren Namen kühn vor diesen Versuch einer Geschichte des deutschen Theaters.*« 1774 hielt sich ein schmucker junger Mann aus Weimar in

Corona Schröter, Pastell von Louise Caroline Sophie Seidler, undatiert

Leipzig auf, der Corona Schröter gut gefiel: Friedrich Justin Bertuch (1747–1822), späterer Hofschatullier, Verleger und Kinderbuchautor. Sie freundeten sich miteinander an, führten eine charmante Korrespondenz. Coronas Brief an ihren »Bruder Fritz« vom 7. Juni 1774 ist das früheste von ihr erhalten gebliebene persönliche Dokument: »*Sie würden mir in der Tat Unrecht tun, wenn Sie mir im Ernst zutrauten, daß ich Sie bald vergessen würde. Wer einmal meine Achtung und Freundschaft hat und sie so sehr wie Sie verdient, könnte ich den jemals vergessen? (…) Sie sind doch immer noch auf dem guten Gedanken, diesen Sommer noch einmal herzukommen?*« Der Weg verläuft dann in umgekehrter Richtung: Nachdem Corona Schröter von Goethe erfolgreich für vierhundert Taler Jahresgehalt als Kammersängerin Anna Amalias angeworben worden ist, kommt sie 1776 nach Weimar. Eine Zeitlang wird sie im Hause Bertuchs wohnen, der inzwischen glücklich verheiratet ist.

Corona ist die einzige professionelle Künstlerin an Anna Amalias Liebhabertheater und kommt den musikalischen Interessen der Herzogin weitgehend nahe. Beide sind von Kindheit an mit italienischer Musik

Reiterstandbild Carl Augusts von Adolf von Dondorf, 2007

und Ausdruckskunst vertraut, lieben die Musik von Hasse und Pergolesi. Beide interessieren sich auch für das deutsche Singspiel.

Die »*schöne Schröterin*« erobert im Fluge die Herzen am Musenhof, vor allem dasjenige Goethes. An Goethes Seite bestreitet sie die weiblichen Hauptrollen in allen wichtigen Theaterstücken und Singspielen des Liebhabertheaters. Am 9. Januar 1777 steht sie in Weimar zum ersten Mal als Schauspielerin auf der Bühne, als Sophie in Goethes »Die Mitschuldigen«, am 30. Januar als Sonne in Goethes Singspiel »Lila«. Am 1. März tritt sie als Elmire im Singspiel »Erwin und Elmire« auf; der Text stammt von Goethe, die Musik von Anna Amalia. Hofkapellmeister Ernst Wilhelm Wolf ist begeistert: »*Mademoiselle Schröter als Elmire tut Wunder, meine Frau als Olympia ist auch nicht auf den Kopf gefallen.*« Die aus der Musikerfamilie Benda stammende Marie Caroline Wolf war als Sängerin an der Weimarer Hofkapelle angestellt. Nach Coronas Mitwirkung in weiteren Stücken Goethes, der Posse »Triumph der Empfindsamkeit« und der Puppenkomödie »Das Jahrmarktsfest zu Plundersweilern«, findet am 6. April 1779 im Redoutenhaus an der Esplanade die Uraufführung der »Iphigenie auf Tauris« statt, in der Corona als Iphigenie neben Goethe als Orest auftritt. Die »*30 Ellen weiße Leinwand, 11 Ellen weißen Tafts und 50 Ellen weißen Milchflors*«, die für ihr griechisches Gewand benötigt wurden, entzogen der herzoglichen Schatulle sechsunddreißig Taler. Goethes »Iphigenie« galt als Inbegriff des Dramas in der Frühzeit der Weimarer Klassik und die Uraufführung als Höhepunkt von Corona Schröters Weimarer Karriere.

Charlotte von Stein ist der Aufführung ferngeblieben und lässt das Stück privat bei sich zu Hause nachspielen, nun ist sie die Iphigenie. Seit 1776 ist sie in Goethe verliebt und fürchtet Corona aus guten Gründen als Konkurrentin. In der Forschung ist umstritten, ob Goethe die Iphigenie ihr oder Corona Schröter gewidmet hat – aus praktisch-taktischen Gründen vielleicht beiden? Sein Schwanken, ob er sich an Charlotte oder an Corona binden solle, strebt in dieser Zeit dem dramatischen Höhepunkt entgegen. Hinzu kommt die Konkurrenzsituation mit seinem Freund und Brotherrn Herzog Carl August, der Corona zum Entsetzen des Hofes offen nachstellt. Goethe wünscht sich selbst die

Nähe der Künstlerin, möchte sie aber zugleich davor bewahren, zur Mätresse herabgewürdigt zu werden; er hat mit Carl August mehrere heftige Dispute. Corona kann den Herzog in ihrer Stellung nicht einfach zurückweisen, doch letztlich bleibt sie standhaft, was ihr von Seiten des Abgewiesenen das Prädikat *»marmorschön, aber marmorkalt«* einbringt. Viel lieber trifft Corona sich mit Goethe. Sie reiten aus, laufen bei Vollmond Schlittschuh, essen zusammen oder treffen sich an einsamen Plätzen im Ilmpark. In Goethes Tagebüchern geht es hoch her: *»Bis 10 bei Kronen. Nicht geschlafen, Herzklopfen und fliegende Hitze.«* (6. Januar 1777). »Umhergewandelt Scheiß weh.« (11. Januar 1777). Oder auch: *»Ging zu Cronen, kriegte Picks und ging nach Hause.«* Ende 1778 übergibt Corona Goethe ihr Tagebuch; es verschwindet bei ihm und taucht nie wieder auf. Als Goethe sich um 1781 endgültig Charlotte von Stein zuwendet, ist Corona enttäuscht und verletzt. Goethe wirbt zwar darum, dass sie ihm ihre Freundschaft dennoch nicht entziehen möge, doch lässt seine Zugewandtheit spürbar nach. Am Liebhabertheater arbeiten beide trotz alledem mit Erfolg weiter.

Im August 1780 stellt Corona im Waldtheater zu Ettersburg in Aristophanes' »Die Vögel« die Nachtigall dar. 1781 steht sie im Mittelpunkt des von Seckendorff gedichteten pantomimischen Schattenspiels »Minervens Geburt, Leben und Taten«, in dem sie, nicht nur zur Freude von Vater Wieland, im durchsichtigen Gewand hinter der gleichfalls durchsichtigen weißen Leinwand agiert. 1782 stirbt der unersetzliche Bühnengestalter und »Hofebenist« (Drechsler) des Liebhabertheaters, Johann Martin Mieding. Ihm zu Ehren schreibt Goethe das Gedicht »Auf Miedings Tod«, worin er auch Corona Schröter ein Denkmal setzt:

»Es gönnten ihr die Musen jede Gunst,
Und die Natur erschuf in ihr die Kunst.
So häuft sie willig jeden Reiz auf sich,
Und selbst dein Name ziert, Corona, dich.«

Im Juli 1782 glänzt Corona im Naturtheater von Tiefurt sowohl als Darstellerin als auch als Komponistin, und zwar im »Wald- und Wiesendrama ›Die Fischerin‹«. Sie trägt dort den von ihr erstmalig vertonten »Erlkönig« vor. Im Sommer 1782 stehen Goethe und Corona gemeinsam in Einsiedels Singspiel »Die Zigeuner« in Ettersburg auf der Bühne, Goethe als Zigeunerhauptmann Adolar, Corona als dessen Geliebte Hilaria; Frau von Stein bleibt für alle Fälle auch diesmal fern. 1784 lässt Anna Amalia Corona auf Vorschlag Goethes zum Dank für ihre Verdienste im Tiefurter Park das kleine Denkmal »Amor als Nachtigallenfütterer« errichten. Den in die Steinplatte eingravierten Text hatte Goethe bereits im Frühjahr 1782 als Epigramm für Corona gedichtet. *»Dich hat Amor gewiß als Sängerin fütternd erzogen«*, so lautet die erste Zeile.

Anfang der 1880er-Jahre tritt Corona mehrfach gemeinsam mit ihrem Bruder in Leipzig auf, doch sie weiß, wann es Zeit ist, Abschied von der Bühne zu nehmen, und zieht sich von 1783 an als Kammersängerin Anna Amalias zurück. Nun widmet sie sich stärker dem Komponieren. 1780 sind schon in Wielands »Teutschem Merkur« zwei Kompositionen von ihr erschienen, 1782 ist »Die Fischerin« handschriftlich publiziert worden und 1786 kommen »Fünf und Zwanzig Lieder in Musik gesetzt« von ihr heraus. Im Juli 1787 lernt Corona Schröter Friedrich Schiller kennen. Nach der ersten Begegnung äußert sich dieser in einem der bekannten Tratschbriefe an seinen Freund Körner zur Freude von dessen Gattin Minna sehr abfällig über Corona, spricht von den *»Trümmern ihres Gesichts«*, bezeichnet sie als *»höchst gewöhnliches Geistesprodukt«*, ja wünscht, sie wäre besser Hausfrau geworden. Doch nachdem Corona ihm aus dem Don Carlos vorgelesen hat, ist er so beeindruckt, dass seine Arroganz einer echten Freundschaft Platz macht. Er schenkt Corona den »Carlos«, sie ihm ihre Kompositionen, unter anderem auch Vertonungen von »Der Taucher« und »Würde der Frauen« (heute verschollen); sogar die lästerliche Lotte zeigt sich beeindruckt. Corona freundet sich außerdem mit Charlotte von Kalb an, 1787 Geliebte und Protektorin Schillers in Weimar. In Frau von Kalbs 1851 posthum veröffentlichten Memoiren wird Corona noch einmal auferstehen: *»Im Verein wurde auch zuweilen vorgelesen (...) Die Iphigenie von Goethe erschaute ich so zum erstenmale (...) und nie habe ich wieder eine solche vollkommene Darstellung gesehn!«*

Als Goethe 1788 aus Italien zurückkommt, hat er zu Corona Schröter keinen Bezug mehr, von ihren Kompositionen nimmt er keine Notiz, obwohl sie genau den von ihm mit Reichardt erörterten Kriterien für gelungene Melodien entsprechen. Hat Corona zu wenige Texte von ihm vertont? Sie bevorzugt in der Tat Strophen von Dichtern des Hainbunds und aus Herders Volksliedsammlung. Als Goethe 1791 Theaterdirektor geworden ist, kümmert sie sich immerhin um die Ausbildung begabter Nachwuchskünstlerinnen wie der von ihm hoch geschätzten Christiane Becker-Neumann. Doch in ihrem zweiten Kompositionsband von 1794, der außer Liedern auch anspruchsvollere italienische Arien enthält, kommt tatsächlich gar kein Goethe-Text mehr vor. Coronas anderer großer Weimarer Verehrer, Herzog Carl August, hat inzwischen erfolgreich Anna Amalias neue Kammersängerin Luise Rudorf geschwängert. Von 1797 an bemüht er sich darum, die erste Weimarer Hofschauspielerin, Caroline Jagemann, zu seiner Mätresse zu machen. Corona hat er vergessen.

Corona wohnt schon seit der Leipziger Zeit mit ihrer Freundin und Anstandsdame Wilhelmine Probst zusammen. Zeitlebens hat sie sich mit Erfolg darum bemüht, weder als Geliebte eines einflussreichen Mannes ihren guten Ruf zu verlieren noch »*im Schatten von* …« zu verschwinden. Als Künstlerin hat sie bewusst auf die Gründung einer Familie verzichtet. Sie begibt sich in Weimar weiterhin gern in Gesellschaft, versammelt zuweilen auch eine kleine Salonrunde bei sich zu Hause, nimmt Unterricht an der Freien Zeichenschule, stellt sogar erfolgreich ihre Werke aus. Maler wie Anton Graff schätzen sie als große Begabung ein. Und doch: Jetzt sehnt sie sich nach einer Lebensbindung. Als Heiratskandidat zeigt sich der inzwischen zum »Oberhofmeister und Wircklichen Geheimen Rath« aufgestiegene Kammerherr Hildebrand von Einsiedel (1750–1828) am Horizont, bei Hofe »der Ami« genannt, ein sensibler, literarisch und musikalisch vielseitig begabter Mann, der zum inneren Kreis um Anna Amalia gehört. Beide wohnen im »Schrickelschen Haus« am Markt 8, sie im ersten, er im zweiten Stock. Der intime Briefwechsel belegt, dass das Paar in einer zärtlichen Liebesbeziehung späte Erfüllung fand. Einsiedel schreibt leise, eher ängstlich und grüblerisch, oft traurig, Corona mit großer Offenheit, heiter und leidenschaftlich: »*Mittwoch. Abends. (…) Wie ist Dir's heute gegangen, liebste Seele, hast Du auch einmal an Deine C gedacht? Wenn mein Andenken Dir Glück bringen kann, so mußt Du indessen reich geworden sein (…)*«. »*Freitag Abend … Morgen in dieser Stunde bin ich wieder in Deinen Armen und das glücklichste aller Wesen (…) Noch einen Kuß auf Dein dichterisches liebes Stirnchen, und unzählige auf Deinen süßen, sanften, freundlichen Rosenlippen. – Gute Nacht, Du aller Einziger, über alles Geliebter!!! – Ewig Deine treue Corona.*« (4. September 1787) Nicht Einsiedels Italienreise mit Herzogin Anna Amalia (1788/89) führt eine Krise herbei, sondern seine »ängstliche Schüchternheit« und die zermürbende Heimlichkeit der Liebesbeziehung. Beide fürchteten das Gerede bei Hof und schrieben einander deshalb in einer Geheimschrift. Einsiedel ist notorischer Spieler und fürchtet, für einen standesgemäßen Haushalt nicht die Mittel aufzubringen: »*Du hast Dich mit einem unglücklichen Sterblichen verwickelt, und ich fürchte mein trauriges Gestirn wird das Deine, das lieblich leuchtet, umwölken Lilli, wirst Du mich hassen?*« Sie hasst ihn nicht, aber ihr freudiger Lebensmut weicht einem Brustübel, das sie schon länger in sich trägt und das sie 1793 zu einem teuren Kuraufenthalt in Karlsbad zwingt. Aus der ersehnten Heirat wird nichts, die Liebe kühlt ab. Coronas Gesundheit ist inzwischen schwer angegriffen. Sie hustet Blut. Zu den teuren Behandlungen fährt sie häufig mit Wilhelmine nach Ilmenau. Als sie dort ihren Tod nahen fühlt, lässt sie einen Notar in den Gasthof kommen. Ihrem Vater überschreibt sie achthundert Taler, den übrigen Besitz vermacht sie ihrer Freundin Wilhelmine Probst, in deren Armen sie am nächsten Tag stirbt. Unter ihren Zeitgenossen setzte ihr der Schriftsteller und Pädagoge Johann Daniel Falk (1768–1826) mit seiner 1807 edierten Schrift: »Erinnerung an Corona Schröter aus Weimar. Ein Todtenopfer« das ausführlichste literarische Denkmal. Er bezeugt: »*Corona Schröter war gewiß eine der seltensten und anziehendsten weiblichen Erscheinungen.*«

Originalbriefe und Werke Corona Schröters im Goethe- und Schiller-Archiv Weimar * Heinrich Stümke, »Corona Schröter«, Bielefeld/ Leipzig 1904 * Peter Braun, »Corona Schröter, Goethes heimliche Liebe«, Düsseldorf/Zürich 2004

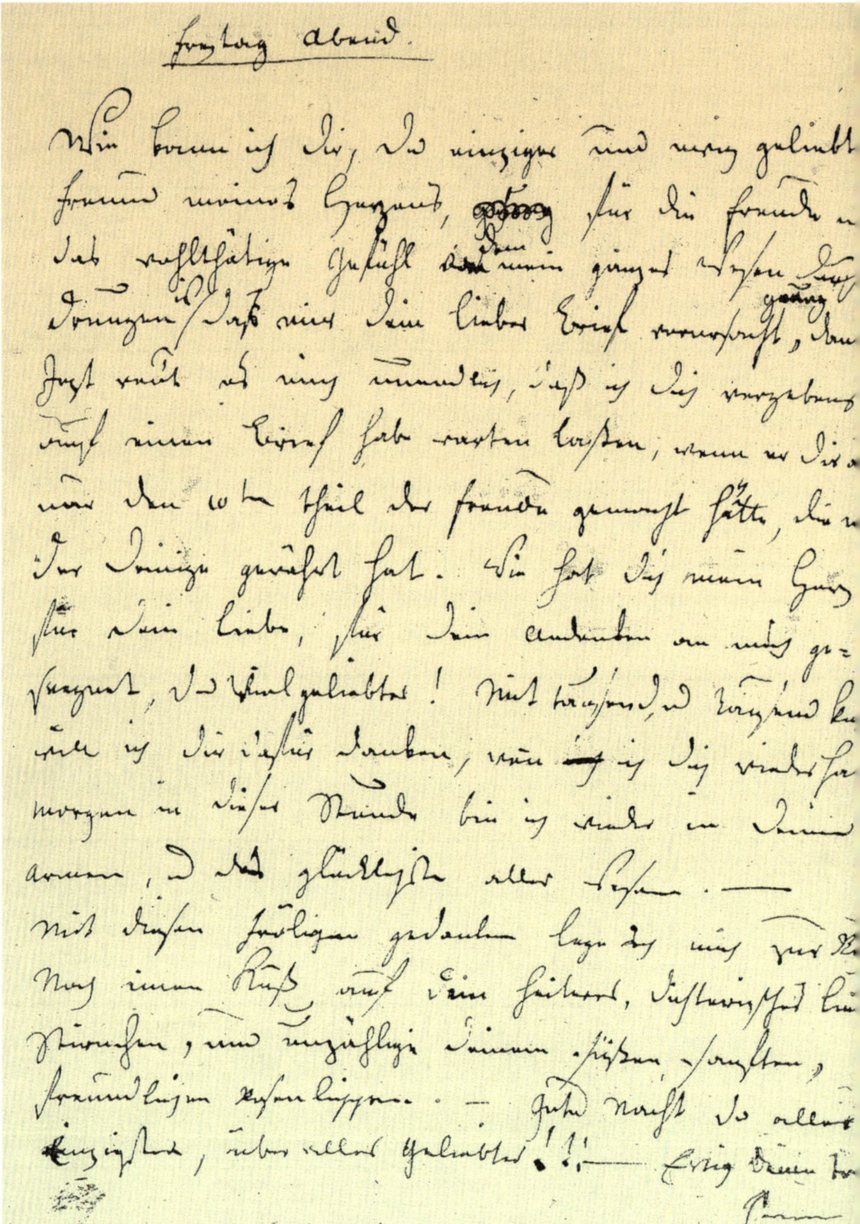
Freytag Abend.

Wie kann ich Dir, Du einziger und ewig geliebt[er]
Freund meines Herzens, für die Freude u[nd]
das wohlthätige Gefühl den mein ganzes Wesen durch-
drungen, das mir Dein lieber Brief verursacht, dan[ken]
Jezt weiß ich es nicht wunderlich, daß ich Dich vergebens
auf einen Brief habe warten lassen, wenn er Dir a[uch]
nur den 10ten theil der Freude gemacht hätte, die m[ir]
der Deinige gemacht hat. Wie hat sich mein Herz
für Deine Liebe, für Dein Andenken an mich ge-
freuet, Du Vielgeliebter! Mit tausend, u[nd] tausend Kü[ssen]
will ich Dir dafür danken, wenn ich Dich wieder se[he]
morgen um diese Stunde bin ich wieder in Deinen
armen, u[nd] die glücklichste aller Wesen. —
Mit diesen frölichen gedanken lege ich mich zur R[uhe]
Noch einen Kuß auf Deine heitere, [illegible] lie[be]
Stirnchen, und unzählige Deinen süßen, sanften,
freundlichen Rosenlippen. — Gute Nacht Du aller-
einzigster, über alles Geliebter!! — Ewig Deine Co[rona]

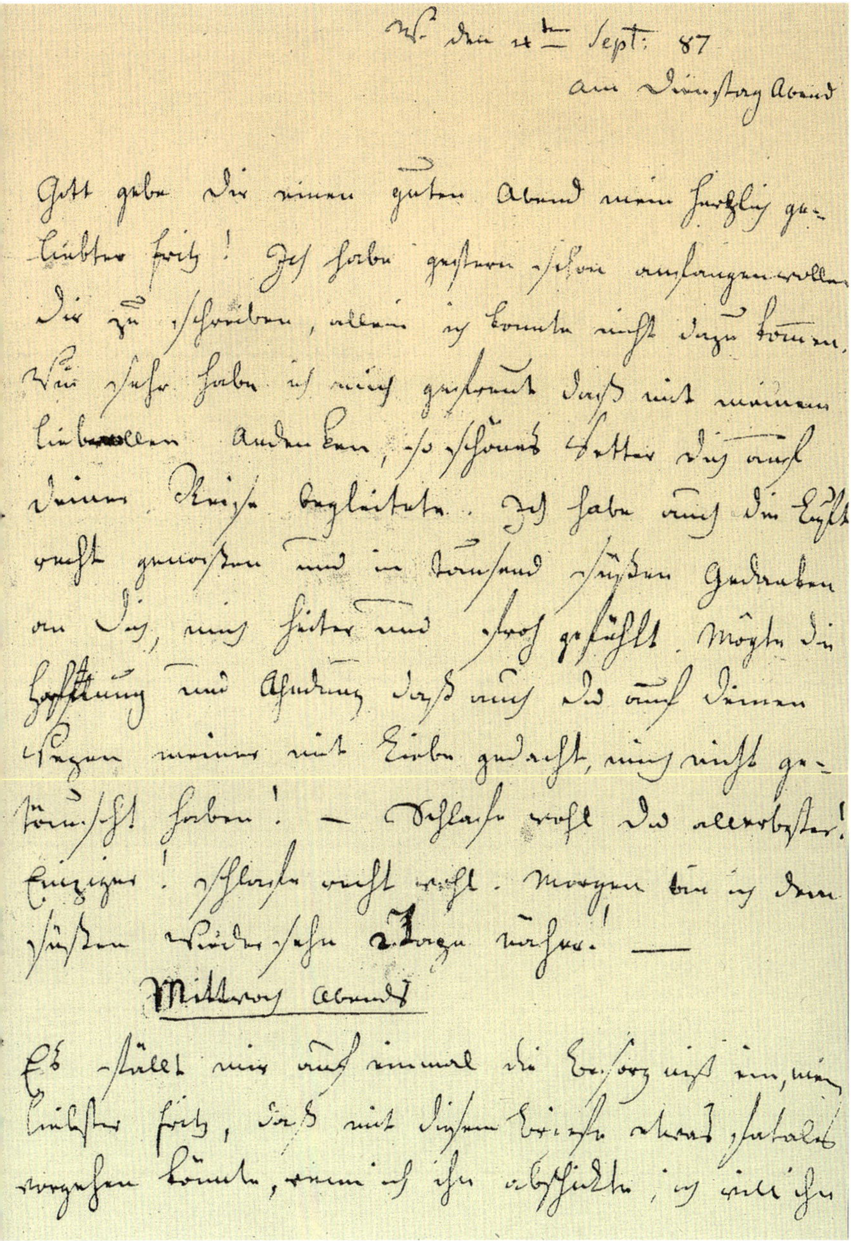

W. den 11ten Sept: 87
am Dienstag Abend

Gott gebe Dir einen guten Abend mein herzlich geliebter Fritz! Ich habe gestern schon anfangen wollen Dir zu schreiben, allein ich konnte nicht dazu kommen. Wie sehr habe ich mich gefreut dass mit meinem liebvollen Andenken, so schönes Wetter dich auf deiner Reise begleitete. Ich habe auch die Tage recht genossen und in tausend süßen Gedanken an Dich, mich heiter und froh gefühlt. Möchte die Hoffnung und Ahndung dass auch Du auf deinen Wegen meiner mit Liebe gedacht, mich nicht getäuscht haben! — Schlafe wohl Du allerbester! Einziger! schlafe recht wohl. Morgen bin ich dem süßen Wiedersehn 1 Tage näher! —

Mittwoch abend

Es fällt mir auch einmal die Besorgniss ein, mein liebster Fritz, dass mit diesem Briefe etwas fatales vorgehen könnte, wenn ich ihn abschickte; ich will ihn

Brief Corona Schröters an Einsiedel, September 1787

CAROLINE VON WOLZOGEN

1763–1846

»Ich schreibe – um mit mir selbst umzugehen,
um mich selbst besser verstehen zu lernen,
und weil niemand von allen Menschen,
die um mich sind, mich genug versteht
und ich meine Gedanken doch ausdrücken will.«

CAROLINE VON WOLZOGEN,
unveröffentlichte Notiz aus dem Nachlass, Deutsches Literaturarchiv Marbach

Caroline von Wolzogen, Gemälde von Friedrich Remde, 1847

Caroline von Wolzogen wird wohl für ihre Nachwelt immer die Dritte im Bunde sein, die Dritte neben ihrer Schwester Charlotte und dem jungen Schiller, die, die nicht geheiratet wurde. Und in der Tat böte die Lebensgeschichte der Caroline von Wolzogen beim ersten Hinsehen im Wesentlichen unglückliche Aspekte, wäre da nicht ihr lebenslanges leidenschaftliches Interesse an geistiger Auseinandersetzung, das sich nicht nur in Salongespräch und Briefdialog, verbunden mit vielseitigen literarischen Kenntnissen, sondern auch in einer ausgeprägten Reiselust und in eigener literarischer Produktivität äußerte.

Von ihrem Naturell her wird Caroline von Wolzogen als sensibel, leidenschaftlich, unruhig, wissbegierig und freiheitsliebend beschrieben. Im Lesen und Schreiben fand sie für ihre intellektuellen Ansprüche, Seelenflüge und empfindsamen Träume den verlässlichen Freiraum, den ihr das Leben selbst nicht immer bereitstellte. Im Brief an Friedrich Schiller vom 10. Dezember 1788 reflektiert sie ihre idealistische Grundhaltung und verrät uns damit zugleich eine für die Zeit typische Strategie weiblicher Lebensbewältigung: »*Im Gang des Lebens ist's mir doch eigentlich zur Natur geworden, mich selig in der Liebe und Vereinigung zu dem Schönen und Trefflichen zu fühlen, und das Gemeine gemein sein zu lassen, ohne es schlecht zu finden (...) Also ist doch meine jetzige Existenz sehr genußreich*«. Nur der geringere Teil von Carolines literarischen Ideen ist zur Vollendung und Veröffentlichung gelangt. Denn als Autorin wusste sie sich weniger eigenständig Geltung zu verschaffen als andere Zeitgenossinnen der deutschen Spätaufklärung wie etwa Sophie Mereau oder Therese Huber und blieb auf literarische Förderer wie Friedrich Schiller oder den Verleger Cotta angewiesen. Immerhin war ihr erster, 1796/97 zunächst in Auszügen in Schillers Horen, 1798 in Berlin komplett veröffentlichter, zweiteiliger Roman »Agnes von Lilien« ein durchschlagender Erfolg, an den keines ihrer späteren Werke heranreichte.

Caroline von Wolzogen stammt aus dem thüringischen Rudolstadt, wo sie 1763 als erste Tochter der Louise von Lengefeld geboren wird. 1766 kommt ihre Schwester Charlotte zur Welt. Zum Vater Carl Christoph von Lengefeld, der als Oberlandjäger und Oberförster des Fürsten Anton-Friedrich von Schwarzburg-Rudolstadt tätig war, besteht ein ausgesprochen liebevolles Verhältnis. Er lässt die Töchter durch einen Hauslehrer unterrichten, pflegt selbst, eine Ausnahme für die damalige Zeit, sehr bewusst das Tischgespräch und vermittelt den beiden neben einer wachen Wahrnehmungsgabe und umfassenden Kenntnissen auch seine tiefe Achtung vor der Natur. Die väterliche Bibliothek interessiert die wissensdurstige und lesehungrige Caroline mehr als der Umgang mit Gleichaltrigen. »*Ich wurde mir früh selbst zum Gegenstand der Contemplation, und gewann eine Freiheit des Gemüths, die nichts auf fremde Autorität annahm*«, so beschreibt sie ihre Situation. Nach dem frühen Tod des Vaters im Jahr 1776 wird Caroline von ihrer Mutter Luise schon im Alter von sechzehn Jahren mit dem Hofrat Ludwig von Beulwitz verlobt. Er erschien der »chère mère« zur Sicherung der familiären Exis-

Wohnhaus der Familie Schiller in Weimar, 2007

tenz als eine gute Partie. Standesgemäß gebildet und mit dem Rudolstädter Fürsten befreundet, bringt er es sogar bis zum Vizekanzler und Fürstenerzieher, doch können diese äußeren Qualitäten nicht darüber hinwegtäuschen, dass er für Caroline in der 1783 geschlossenen Ehe zum Alptraum wird. Er hat keinerlei Sinn für ihr empfindsames Gemüt und ihr literarisches Interesse. In der Familie Lengefeld wird er »der Bär« genannt. Caroline entwickelt mit steigender Aversion gegen ihn einen nervösen Tick, eine Art von Gesichtszucken.

Eine längere Reise in die Schweiz im Jahr 1783, von der Mutter initiiert, um Charlotte für eine angestrebte Hofdamenstelle in Weimar den nötigen Schliff zu verpassen, wird für die Schwestern zum Schlüssel zur Welt und für Caroline zum befreienden Anstoß für ihre schriftstellerische Tätigkeit. Auf dem Weg in die Schweiz lernt Caroline ihren Cousin und späteren zweiten Ehemann, Wilhelm von Wolzogen, den Freund Friedrich Schillers, kennen. In Winterthur kommt es zu einem Treffen mit dem Religionsphilosophen Johann Caspar Lavater, auf dem Rückweg dann zu einer Begegnung mit der Schriftstellerin Sophie von La Roche (1730–1807), Autorin des ersten deutschen Frauenromans »Das Fräulein von Sternheim«, die 1784 in ihrer Frauenzeitschrift *Pomona für Teutschlands Töchter* eine Reisebeschreibung Carolines veröffentlichen wird.

Zurück in Rudolstadt, werden die Reiseerinnerungen den beiden Schwestern zum geistigen Grundnahrungsmittel. Um der Eintönigkeit und Enge des Städtchens zu entkommen, unternehmen sie häufig Ausflüge nach Weimar. Unter anderem durch Lottes Freundin und Patentante, Charlotte von Stein erhalten sie literarische, philosophische und wissenschaftliche Anstöße. Sie nehmen Lektüre mit nach Hause, arbeiten diese miteinander durch, fertigen Übersetzungen an – wie zum Beispiel von Werken der griechischen Antike – und setzen sich in Briefen oder im Gespräch damit auseinander. Im Jahr 1787 kommen die Freunde Wilhelm von Wolzogen und Friedrich Schiller zu Besuch. Die nachfolgenden Begegnungen und der Briefwechsel mit Schiller zwischen Rudolstadt, Volkstädt und Jena bedeuten für Caroline einen Höhenflug ihres Geistes, ihrer Phantasie und ihrer Leidenschaft. Alle Träume scheinen sich zu erfüllen in der geistig-erotischen Dreierkonstellation: Line –

Lotte – Friedrich. »*Seien Sie gegrüßt von ganzer Seele, mein theurer Freund! Dies ist der erste Gruß, der durch einen so weiten Weg zu Ihnen gelangt. Das Gefühl Ihrer Entfernung bleibt immer lebendig in mir, tausend Erinnerungen, liebe Gewohnheiten werden es. Ach, ich kenne keinen Ersatz für das, was Sie meinem Leben gegeben haben! So frei und lebendig existiert mein Geist vor Ihnen! So wie Sie hat es noch Niemand verstanden, die Saiten meines innersten Wesens zu rühren*«, schreibt Caroline am 18. November 1788 an den Freund, ein Brief mit einer wenig verhüllten Liebeserklärung; ihre Schwester Lotte ist da von Natur aus zurückhaltender. Schiller würde am liebsten mit beiden leben (»*In mir lebt kein Wunsch, den meine Caroline und Lotte nicht unerschöpflich befriedigen können*«), doch die Prosa des Lebens spricht dagegen. Erstens ist Caroline noch verheiratet und zweitens möchte der Dichter weder einen empfindsamen weiblichen Unruhegeist noch eine gottgesandte Heldin wie seine spätere literarische Schöpfung Johanna von Orleans ehelichen. Er wünscht sich eine ruhige, tüchtige, anpassungsfähige Hausfrau: »*Ich muß ein Geschöpf um mich haben, das mir gehört (...) Ich sehne mich nach einer bürgerlichen und häußlichen Existenz*«, so bekennt er im Brief an seinen Freund Körner vom 8. August 1787. Und so macht er schließlich, von Caroline ermuntert, Lotte im Sommer 1789 den alles entscheidenden Heiratsantrag. Caroline verzichtet tapfer auf die Verwirklichung ihres Traumes, in erster Linie wohl, um die Schwester nicht zu verletzen. Der Mann Friedrich Schiller aber, inzwischen Professor in Jena und in seinen Gefühlen weiterhin ambivalent, begreift als Letzter – erst längst nach seiner stillen Hochzeit auf dem Lande im Jahr 1790 –, dass nicht zwei Frauen mit ihm leben können. Von den Dramen, die sich in Carolines Innerem abspielen, begreift er freilich nichts.

Caroline zieht sich unter Aufbietung aller Willenskraft auf die Rolle als geistreiche Gesprächspartnerin zurück, zieht von Jena fort, schreibt. Unentbehrlich wird ihr eine andere, weniger gefährliche Dreiecksbeziehung in dieser Zeit: die Freundschaft mit Caroline von Dacheröden und deren späterem Mann Wilhelm von Humboldt.

Als Caroline 1789 korrespondierendes Mitglied im »Tugendbund« der Berliner Salonnière Henriette von Hertz wird, lernt sie die beiden näher kennen. Das Paar braucht die Dritte im Bunde nicht nur als anregendes Gegenüber, sondern auch als Vergewisserung ihres eigenen zukünftigen ehelichen Glücks. Weil der Freiherr Karl Theodor von Dalberg, Freund und Mäzen Schillers, Caroline ebenfalls nur zur Gesprächs- und nicht zur Lebenspartnerin möchte und auch eine 1793 heftig aufgeflammte Liebesbeziehung zu dem Livländer Gustav Behaghel von Adlerskron nicht von Bestand ist, kommt sie auf ihren Cousin Wilhelm von Wolzogen zurück.

Da sie inzwischen aber möglicherweise von Adlerskron ein Kind erwartet – das bleibt ihr bis heute bestgehütetes Geheimnis –, begibt sie sich auf eine Reise zu Wolzogen, um diesen als Lebenspartner für sich zu gewinnen. Von Beulwitz lässt sie sich 1794 scheiden, was damals noch ein gesellschaftliches Novum war und für Caroline alles andere als einfach. Nur einen Monat später heiratet sie Wilhelm von Wolzogen, keine Liebesheirat, aber das Ergebnis einer vernünftig-harmonischen Übereinkunft. Im Jahr 1795 bringt Caroline ihren Sohn Adolf zur Welt. Offiziell ist Wolzogen der Vater, doch Adolfs inzwischen von der Forschung bereits auf 1794 datierte Geburt spricht eher für die Vaterschaft von Adlerskron.

Wilhelm von Wolzogen wird 1797 Kammerrat bei Herzog Carl August. Bis 1804 steigt er zum Leiter des »Auswärtigen« auf. Caroline wohnt nun für lange Jahre in Weimar, im »Wolzogen'schen Freihaus« am Burgplatz 5, gegenüber vom Schloss. Sie wird zum Mittelpunkt eines kleinen erlesenen Kreises geistreicher Geselligkeit mit dem Ehepaar Humboldt, mit Goethe, Schiller, Herder, Fichte, Schelling, Dalberg und ausländischen Gästen wie Madame de Staël und Benjamin Constant. Sie befreundet sich mit der herzoglichen Familie, mit Anna Amalia und auch mit der Regentin in spe, Maria Pawlowna, bleibt der Schiller'schen Familie, die seit 1798 auch in Weimar wohnt, nahe und unterstützt ihre Schwester, wo sie kann, vor allem bei den schweren Geburten und der Sorge um die Kinder. Auch zu Goethe besteht eine herzliche Beziehung; die Ablehnung von Goethes Lebenspartnerin Christiane teilt Caroline nicht mit der übrigen Verwandtschaft.

In den Jahren 1802 bis 1808 unternimmt Caroline mehrere Reisen nach Paris. Sie genießt die vielfältigen Kontakte in der europäischen Kulturmetropole, fühlt sich ganz in ihrem Element. *»Paris hat mir unendlich neue und vielfache Ansichten gegeben«*, wird sie nach der Rückkehr von der ersten Reise im Herbst 1802 an ihre Schwester schreiben. Zur Krönung ihres freiheitlichen Lebens hat sich die Neununddreißigjährige in den dort lebenden dreiundfünfzigjährigen Freidenker, Staatsmann und Schriftsteller Gustav Graf von Schlabrendorf verliebt. Der sich nach dem gemeinsamen Sommer in Paris entspinnende Briefwechsel zwischen den beiden gibt Auskunft über die Innigkeit und Intensität ihrer Begegnung. *»Welche Sehnsucht haben diese wunderbaren Tage in meiner Brust zurückgelassen«*, heißt es bei Caroline in ihrem Liebesbrief vom 8. Oktober 1802. *»Mit Trauern sah ich meine geschwollene Lippe verschwinden, das letzte sinnliche Zeichen meines Glücks.«* Sie schlägt dem Grafen eine geheime Beziehung vor: *»Unser heilig-verborgenes Glück soll keinem andern etwas kosten (...) Einzig unter uns ruhe und lebe das feste Geheimnis unseres Glücks.«* Dafür bittet sie den Freund um ein Treffen in Deutschland, doch Schlabrendorf bleibt lieber in sicherer Entfernung in seinem Paris. Ein von ihm überlieferter Spruch lautet: *»Halt aus im Leide, halt ein im Genuß.«* Caroline, geübt im Träumen und in der Entsagung, wird beides tun müssen und beides überstehen.

Auch ihr familiäres Leben gestaltet sich tragisch: Wilhelm, der schon länger ein Lungenleiden hat, erkrankt zusätzlich an einem Nasenkarzinom. Als Kranker macht er Caroline bis zu seinem Tod im Jahr 1809 das Leben zur Hölle. Ihr Sohn Adolf, den sie sehr liebt, aber wohl auch allzu sehr verwöhnt hat, leidet als junger Mann an schweren Depressionen. Er kommt an seinem 31. Geburtstag auf tragische Weise durch einen Gewehrschuss ums Leben, wobei ungeklärt bleibt, ob durch ein Versehen oder absichtlich, durch eigene Hand. Diesen Schicksalsschlag wird Caroline bis ins hohe Alter beklagen.

Seit dem Umzug der Familie von Wolzogen nach Weimar im Jahr 1797 hat sich die Freundschaft zwischen Caroline und Charlotte von Stein durch die schriftstellerische Tätigkeit beider Frauen intensiviert. Ausnehmend gut gefällt beiden Autorinnen, dass sich damit sogar Geld verdienen lässt. Caroline hat anonym in Schillers Zeitschriften *Thalia*

Friedrich Schiller, Ölgemälde von Christian Xeller (nach Anton Graff), erste Hälfte 19. Jh.

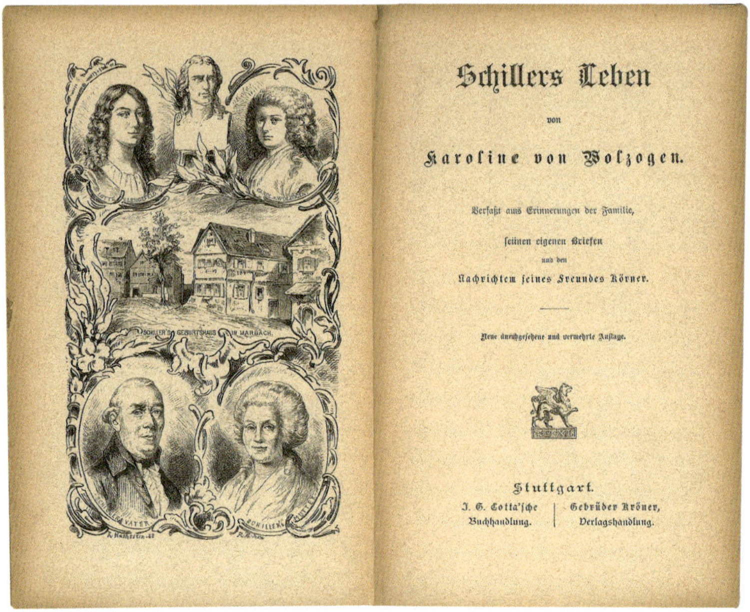

Schillers Leben

von

Karoline von Wolzogen.

Verfaßt aus Erinnerungen der Familie,

seinen eigenen Briefen

und den

Nachrichtem seines Freundes Körner.

Neue durchgesehene und vermehrte Auflage.

Stuttgart.

J. G. Cotta'sche Buchhandlung. | Gebrüder Kröner, Verlagshandlung.

(1786–1791), *Neue Thalia* (Winter 1791/92) und *Horen* (1795–1797) eine Reihe von Beiträgen veröffentlicht; im Winter 1792 erscheint von ihr »Der leukadische Fels«, 1798 die »Agnes von Lilien«. 1826/27 bringt Cotta von ihr zwei Bände mit Erzählungen heraus und 1830 ihre Biografie »Schillers Leben«. Im Jahr 1828 hat sie mit der Arbeit begonnen und wird durch diese nun ein zweites Mal berühmt. Schiller wird darin sehr umfassend, aber auch stark idealisierend dargestellt. Caroline von Wolzogens Bild des Dichters bestimmte die Schillerrezeption bis in 20. Jahrhundert hinein.

1825 ist Caroline mit ihrer Haushaltshilfe Wilhelmine Schwenke, die ihr inzwischen zur vertrauten Freundin geworden ist und der sie ihren Nachlass vermachen wird, von Weimar wieder nach Jena gezogen. 1835 packt die inzwischen fast Siebzigjährige noch einmal die alte Unruhe; gemeinsam mit Wilhelmine unternimmt sie eine längere Reise durch die Niederlande bis an die Küste nach Scheveningen.

Titelblatt von »Schillers Leben« von Caroline von Wolzogen, 1830

Im Jahr 1840 erscheint bei Göschen in Leipzig ihr Spätwerk, der Roman »Cordelia«, in dem sie ihr Beziehungsmuster der tragischen Dreierkonstellation verarbeitet; auch ihre literarische Antwort bleibt Entsagung. Aber in den Worten ihrer Heldin können wir noch einmal die positive Lebensmaxime der Autorin nachlesen: »*Gern fand ich mich selbst wieder, frei, in meiner Gedankenwelt mich den denkenden Geistern anzureihen, die mir Klarheit geben konnten. Der Trieb des Wissens erhielt mir den innern Lebenstrieb, und eine Ewigkeit des Wissens konnte ich mir denken.*« Bis ins hohe Alter liest Caroline sehr viel, besorgt sich wichtige Neuerscheinungen. Als sie 1847 im Alter von fast vierundachtzig Jahren in Jena stirbt, hinterlässt sie neben einer großen Bibliothek und einer Sammlung selbst verfertigter Werkauszüge und Übersetzungen mehrere Hefte mit unveröffentlichten Gedichten, einen reichen Briefwechsel und über vierzig literarische Notizbücher aus den Jahren 1779 bis 1846, die sie »Livres de penseés« oder »Gedankenbücher« nennt. Diese enthalten eine Fülle von Ideen, Skizzen und systematischen Entwürfen für weitere Schreibvorhaben. 1867 wird der ersten Teil ihres literarischen Nachlasses in Leipzig veröffentlicht, 1879 in Stuttgart der Briefwechsel zwischen »Schiller und Lotte«. »Line«, die bereits im Buchtitel verschwiegene Dritte im Bunde, erscheint der Nachwelt darin zwar mit einem in literarischer Hinsicht bedeutenden Briefanteil, aber im Ergebnis in einer nicht weniger entsagungsvollen Position als der, die sie schon im Leben innehatte.

In den literarischen Notizen, aus ihrem Nachlass, hatte sie das Resultat schon vorweggenommen: »*Was sind die Freuden des Lebens? Sie dünken uns ein Gaukelspiel der Phantasie, eine Lufterscheinung, die den Himmel auf einen Augenblick hellt und dann verschwindet.*«

Caroline von Wolzogen, »Gesammelte Schriften«, hg. von Peter Börner, Bd. 1: »Agnes von Lilien«, Hildesheim/Zürich/New York 1988 | Christine Theml, »Größe zu lieben war meine Seligkeit. Biographische Skizzen zu Caroline von Beulwitz-Wolzogen«, Jena 1996 | Jochen Golz (Hg.), »Caroline von Wolzogen 1763–1847«, Weimar/Marbach 1998 | Ulrike Müller, »Frauenpersönlichkeiten der Weimarer Klassik«, Weimar 1998 | Renate Feyl, »Das sanfte Joch der Vortrefflichkeit«, Köln 1999 | Ursula Naumann, »Schiller, Lotte und Line. Eine klassische Dreiecksgeschichte«, Frankfurt am Main 2004

CHRISTIANE VULPIUS

1765–1816

*»Nun, mein allerliebster, superber, geliebter Schatz,
muß mich ein bißchen mit Dir unterhalten,
sonsten will es gar nicht gehen. Erstens muß ich Dir sagen,
daß ich Dich ganz höllisch lieb habe
und heut sehr hasig bin; zweitens daß ich am Montag
meine Wäsche aufgeschoben habe wegen des üblen Wetters,
und erst heute Nacht gewaschen wird.«*

CHRISTIANE VULPIUS an Goethe, Weimar, den 22. Mai 1798

Christiane Vulpius, Grafitporträt von Goethe, um 1788/89

Was wäre Christiane Vulpius ohne Goethe gewesen? Für uns wohl nur eine unbekannte Kunstblumenmacherin aus Weimar. Doch wäre sie ohne Zweifel sie selbst geblieben, ob mit oder ohne Geheimrat …

Achtundzwanzig lange Jahre trug sie die Alltagslast an der Seite Johann Wolfgang von Goethes. In dieser Position wenig verstanden und umso mehr beneidet, war sie insofern besonders angreifbar, als sie in den Augen der tonangebenden Kreise der Weimarer Klassik ›niederer Herkunft‹ war, eine Schande für den großen Dichter. Die Literaturwissenschaftlerin Sigrid Damm hat es mit ihrer 1998 veröffentlichten genauen Recherche jedoch an den Tag gebracht: Christiane und Johann Wolfgang entstammen dem gleichen sozialen Milieu: die Vorfahren waren Pfarrer, Juristen, Lehrer oder Handelsleute. Das verzerrte Bild von Christiane konnte endgültig revidiert werden. Das erleichtert zum einen eine vorurteilsfreiere Annäherung an Christianes Leben und Persönlichkeit und ermöglicht zum anderen Aufschlüsse über die sozialen Bedingungen, unter denen Frauen ihres Standes in jener Zeit lebten. Gelegenheit dazu hatte freilich schon weit eher bestanden, spätestens seit Hans Georg Gräf im Jahr 1916 zum 100. Todestag von Christiane die erhalten gebliebene Korrespondenz mit 247 Briefen von Christiane und 354 Briefen von Goethe veröffentlicht hatte.

Am 1. Juni 1765 wird Christiane Vulpius in Weimar geboren. Ihr Taufname ist Christiana, mit dem sie auch später alle wichtigen Dokumente unterzeichnen wird. Die Familie Vulpius befindet sich, wie viele andere bürgerliche Familien in ihrer Umgebung, seit Jahrzehnten unverschuldet in einer wirtschaftlichen Dauerkrise. Es gibt bei Hofe im unteren Verwaltungsbereich nicht genügend Arbeitsplätze, und die wenigen vorhandenen sind unterbezahlt. Das kümmerliche Jahresgehalt, das Christianes Vater, studierter Jurist, nach zehnjähriger Wartezeit schließlich als Copist bei Hofe bezieht, reicht nicht aus, um eine sechsköpfige Familie zu ernähren. Ersparnisse müssen so lange zugesetzt werden, bis alles verbraucht ist. Christiane ist sechs Jahre alt, als ihre

Mutter stirbt. Die Bedingungen, unter denen sie in dem kleinen Haus in der Luthergasse 5 aufwächst, sind alles andere als luxuriös. Christian August, ihr zwei Jahre älterer Bruder, besucht immerhin das Gymnasium, während die ihr vorgezeichnete Wirkungssphäre in der Hauswirtschaft besteht; über einen Schulbesuch Christianes findet sich kein Beleg. Nach einer erneuten Heirat des Vaters gibt es bald noch mehrere jüngere Halbgeschwister zu betreuen. Und nach der Entlassung des Vaters infolge eines ihm vorgeworfenen Amtsvergehens gerät die Familie in eine so verzweifelte Situation, dass Christiane arbeiten geht: als eine der Ersten in der 1782 von Caroline Bertuch im »Haus am fürstlichen Baumgarten«, dem heutigen Stadtmuseum, eingerichteten Kunstblumenmanufaktur. Der von der herzoglichen Kammer unterstützte Betrieb zur Unterstützung *»unbeschäftigter Mädchen der mittleren Klasse«* war nach dem Urteil der meisten Weimarer BürgerInnen eine unmoralische Einrichtung; für die Familien derer aber, die dort arbeiten konnten, war sie ein Segen. Christianes Bruder absolviert inzwischen, finanziert aus Herzog Carl Augusts fürstlicher Schatulle, ein Jurastudium in Jena. Im Herbst 1784 erwerben beide Geschwister, ermöglicht durch ererbten Besitz, das Bürgerrecht. Im Frühjahr 1786 stirbt der Vater, nun sorgen Christian und Christiane für den Unterhalt der verbliebenen Familie: Er arbeitet nach Abschluss des Studiums als freier Schriftsteller, sie als Putzmacherin.

Im Sommer 1788 findet Christianes entscheidende Begegnung mit Goethe statt, nachdem sie sich mit einer Bittschrift für den Bruder an den Geheimen Rat gewandt hat. Ob ›Es‹ tatsächlich am 12. Juli geschah, ist nicht belegt; in späteren Jahren werden die beiden dieses Datum stets als ihren Hochzeitstag feiern. Der achtunddreißigjährige Goethe hat von seiner eben beendeten Italienreise nicht nur erlesene Kunstschätze, sondern auch das Erlebnis sexueller Erfüllung mitgebracht. Aus dem müden, angepassten Geheimen Rat ist wieder ein ungebärdiger Künstler geworden, mit neuen Ideen und wenig Neigung zu bürgerlichen Tugenden. In dieser Verfassung lernt ihn Christiane kennen, ihr gefällt der leidenschaftliche Mann und große Dichter mit den antibürgerlichen Tendenzen, ihm gefällt ihre heitere, natürliche Art, ihre Lebensreife und

Stammbuchblatt der Christiane Vulpius, 1799

zugleich unverstellte erotische Ausstrahlung. Das Gartenhaus im Park an der Ilm wird zum Ort unbeschwerten Miteinanders. Goethes Empfindungen spiegeln sich in zarten poetischen Bildern (»*Ich ging im Walde so für mich hin*«), aber auch in deftigen Volksliedstrophen. Aus dem Gedicht »Christel«: »*(…) Und wenn sie liebend nach mir blickt / Und alles rund vergißt, / Und dann an meine Brust gedrückt / Und weidlich eins geküßt, / Das läuft mir durch das Rückenmark / Bis in die große Zeh'! / Ich bin so schwach, ich bin so stark, / Mir ist so wohl, so weh!*«

»Sie müssen ein sinnenfrohes, in der Liebe mit Phantasie begabtes Paar gewesen sein«, schreibt Sigrid Damm und verweist auf mehrere erhalten gebliebene Rechnungen für Bettreparaturen aus dieser Zeit. Bis zum Frühjahr 1789 halten sie die Beziehung geheim – in Weimar sicher schon damals ein Kunststück. Im Juni 1789 bricht Goethe mit Charlotte von Stein, ohne dass diese von ihm von Christianes Schwangerschaft erfährt. Katharina Elisabetha Goethe, seine in Frankfurt lebende Mutter, die mit ihrem heiteren, unkomplizierten Wesen und ihrer Anspruchslosigkeit für sich selbst mancherlei Ähnlichkeit zeigt mit Christiane Vulpius, wird erst von der neuen Lebensbeziehung ihres »Hätschelhans« erfahren, als ihr Enkel, August von Goethe, schon vier Jahre alt ist! Doch in Weimar bekennt Goethe sich zu Christiane und zu seiner Vaterschaft – er lässt August in der Jakobskirche in aller Stille legitimieren –, was in seinem Lebensumfeld eine ungeheure Provokation bedeutet. Im Herbst 1789 muss die kleine unorthodoxe Familie auf Anordnung der sittenstrengen Herzogin Luise aus dem schönen Haus am Frauenplan an den Stadtrand umziehen, in die »Jägerhäuser«.

Die ›wilde Ehe‹ wird von Goethe eher aus Trotz und Kirchenferne denn aus Rücksicht auf die eigene gesellschaftliche Position weitergeführt. Für Christiane aber ist diese Lebensform unter dem damaligen Recht ein gefährliches Risiko, das sie jedoch bewusst auf sich nimmt – für weitere 17 Jahre. Niemals wird sie über die Nachteile klagen. Die üble Nachrede aber nimmt zu, als die Familie ab 1792, von Goethe bei seinem Freund Carl August erstritten, wieder im großen, komfortablen, zwei Jahre später eigenen Haus am Frauenplan wohnt. *»Mamsell Vulpius«*, *»die von Goethesche Haushälterin«*, sein *»Küchenschatz«*, *»Haus- und Bettschatz«*, seine *»dickere Hälfte«*, das *»Kreatürchen«* oder auch die *»Blutwurst«* – so wird Christiane nicht nur bei Hofe, sondern auch von den Schillers, Körners, Humboldts und anderen Freundinnen und Freunden herabsetzend genannt. Viele der Attacken, die zeitlebens auf sie abgeschossen werden, gelten eigentlich Goethe.

Goethes Gartenhaus im Park an der Ilm, 2007

Christiane vollbringt insbesondere in den Zeiten von Goethes häufiger Abwesenheit während des zweiten Jahrzehnts der Beziehung wahre Wunder an Energie, Tatkraft und Geschick, um das riesige Hauswesen mit Obst- und Gemüsegärten in Gang zu halten, die Dienstboten zu beaufsichtigen, sich um die Familie und eine ständig wachsende Zahl von Gästen zu kümmern. Noch aus der Ferne sorgt sie für des Dichters leibliches Wohlergehen. Wenn dieser, bei Schiller in Jena weilend, die karge Bewirtung beklagt, schickt sie schnell »*drei Bouteillen rothen Wein*« oder ein »*Wildpretkeulchen*« vorbei. Bei aller Beeinträchtigung durch die ständige soziale Ausgrenzung und durch zunehmende körperliche Überforderung bewahrt Christiane sich ihre Lebenslust. Im Arbeitsalltag bereitet ihr der Umgang mit den Pflanzen im Garten die größte Freude, immer wieder berichtet sie Goethe in ihren Briefen davon. Und in der wenigen freien Zeit ergreift sie jede sich bietende Möglichkeit, um zu feiern, zu tanzen und fröhlich zu sein. Während Goethe eher dem Weine zuspricht, hegt sie eine besondere Leidenschaft für Champagner. Regelmäßig besucht sie die Komödie. Im Alter von fünfundvierzig Jahren! nimmt sie noch einmal, nur zum Spaß, Tanzstunden. Ein besonderer Genuss sind für sie die Aufenthalte im kleinen Kurort Bad Lauchstädt. »*(…) es ist mir, als hätte ich wieder ganz neues Leben bekommen*«, schreibt sie, befreit von der Enge der Weimarer Residenz, im Juni 1802 an Goethe. Und 1803 berichtet sie ihm stolz: »*(…) man spricht hier sehr viel von mir wegen des Tanzen. (…) Ich zog mich ganz simpel an, aber schön (…) Es sind viel Comtessen hier, die recht herausgeputzt sind. Doch trotz alle dem Putz tanze ich mehr wie die überputzen Damen.*«

Allmählich arbeitet sich Christiane, neben Goethes langjährigem Finanzverwalter, auch in die Feinheiten des Finanzwesens hinein, so dass sie im dritten Jahrzehnt der Beziehung, als Goethe ihr im Herbst 1806, mitten in der Zeit der kriegerischen Auseinandersetzung des Herzogtums mit Napoleon, doch noch die Ehe anträgt, die neue Rolle als Hausherrin souverän und mit Stolz ergreift. Der Legende nach wollte Goethe ihr damit seinen Dank dafür abstatten, dass sie so mutig den plündernden französischen Soldaten entgegengetreten war und so das Haus am Frauenplan gerettet hatte. Eine beklemmende Perspektive hingegen eröffnet die Betrachtung von Goethes Verhalten gleich nach der Heirat: Seit Christiane Frau Staatsminister von Goethe ist, glänzt der Dichter auffällig häufig durch Abwesenheit. Er unternimmt lange Reisen, fährt zu Kuren, wendet sich neuen Werken zu – und jungen Frauen, so zum Beispiel im Jahr 1808 Silvie von Ziegesar.

Viel ist geschrieben worden über Christianes Vitalität und Frohnatur, weniger über die Schattenseiten ihres Lebens. In den Briefen an Goethe äußert sie nur sehr verhalten, was sie auch erleidet: ihre Ängste, wenn Goethe auf Reisen ist, vor allem in den Kriegszeiten, ihren lebenslangen tiefen Schmerz um den Tod aller vier weiteren Kinder jeweils nur wenige Wochen oder Monate nach deren Geburt (dass es so etwas wie einen Rhesusfaktor gibt, war damals noch nicht bekannt), ihre zunehmende Furcht, Goethe könne sich von ihr, die längst nicht mehr die jugendliche Geliebte, sondern inzwischen eine abgearbeitete Hausfrau ist, abwenden und einer jüngeren, attraktiveren Frau erotisch den Vorzug geben. Am wenigsten schreibt sie über ihre zunehmend bedrohlichen Erkrankungen und Todesahnungen, denn mit derlei existenziellen Themen möchte ihr Gatte bekanntlich nichts zu tun haben. Dennoch gibt es auch in Christianes letztem Lebensabschnitt für sie noch einige schöne Erlebnisse: So besucht sie 1807 auf dringenden eigenen Wunsch endlich ihre Schwiegermama in Frankfurt. Dort kommt sie in den Genuss einer weitaus größeren sozialen Anerkennung und persönlichen Wertschätzung als jemals in Weimar. (Im Jahr 1808, nach dem Tod von Elisabetha Katharina Goethe, wird sie in Abwesenheit von deren Sohn mit großer Umsicht die gesamten Erbschaftsangelegenheiten in Frankfurt regeln.) Und: seit 1811 hält sich Christiane in den Sommermonaten mehrfach, mal mit, mal ohne Goethe, in Karlsbad auf, genießt allerlei gräfliche Badebekanntschaften, wie zum Beispiel mit der dichtenden kurländischen Adelsdame Elisa von der Recke, lebt auf bei Bällen und beim Tanz.

Zu Christianes vertrauten Freunden, die sich nicht vom Weimarer Geschwätz beeindrucken lassen, gehören »Professor Meyer« und »Doctor Meyer«. Der eine, der Schweizer Maler Heinrich Meyer (Goethes »Kunschtmeyer«), wohnt lange Jahre im selben Haus wie Christiane. Der andere, der aus Bremen stammende Arzt und Forscher Nikolaus

August von Goethe, Ölgemälde von Caroline Bardua, 1807

Meyer, ist mehrere Jahre Gast im Haus am Frauenplan und gehört zu Christianes favorisierten »Äugelchen«. *»Es geht aber nichts auf dieser Welt über Gesundheit und frohen Muth; wenn man das nicht hat, so ist das ganze Leben nichts«*, schreibt sie am 20. Mai 1802 an den Freund. Mit dem Doctor spricht sie auf Augenhöhe und vertraut ihm Dinge an, die sie mit Goethe so nicht besprechen kann. Nach seinem Weggang im selben Jahr stehen beide noch über zehn Jahre lang in brieflichem Kontakt.

Christianes wichtigste Freundinnen, die ihr auch in den Monaten ihres qualvollen Sterbens beistehen werden, sind die Malerin Louise Seidler, die junge Kammersängerin Luise Rudorf, verheiratete von Knebel, und die Hofschauspielerin und Sängerin Caroline Jagemann. Christiane und Caroline kennen einander schon aus Kindertagen, da die Familien nebeneinander wohnten.

Während Goethe sich, fern vom familiären und politischen Alltag in Weimar, noch einmal verjüngt und durch das Liebesglück mit Marianne von Willemer neue Schaffenskraft erlebt, neigt Christianes Leben sich dem Ende zu. Die enormen Dauerbelastungen im Alltag, unter anderem durch zahlreiche Einquartierungen in den Kriegsjahren 1813/14,

---

LINKS: Johann Wolfgang von Goethe, Ölgemälde von Ferdinand Jagemann, 1806
RECHTS: Christiane Vulpius, Ölgemälde von Caroline Bardua, 1806

die ständige Abwesenheit Goethes – er antwortet kaum noch auf ihre Briefe –, haben ihre Körper- und Seelenkräfte aufgezehrt. Auch leidet sie schon seit Jahren an Bluthochdruck und Nierenkoliken. Ende 1814 trifft sie der erste von drei Schlaganfällen. Sie erholt sich noch einmal, erkrankt erneut und verbringt die letzten Monate, bei wechselnder Betreuung, unter den entsetzlichsten Krämpfen und Schmerzen zu Hause. Nach langer Abwesenheit zurückgekehrt, ist Goethe nicht im Stande, eine derartige Konfrontation mit Krankheit, Alter und Tod zu ertragen. Er meidet den Kontakt, zieht sich in seinen Wohnräumen erst in Arbeit, dann in hypochondrisch inszenierte eigene Krankheit zurück.

Christiane stirbt am 6. Juni 1816, vermutlich an Nierenversagen, und wird auf dem Jakobsfriedhof bestattet. Goethe kommt nicht zur Beerdigung und kümmert sich später auch nicht um den Verbleib des Grabes – während er für sich selbst von einer gemeinsamen Grabstätte mit seinem unsterblichen Dichterfreund Schiller träumt. Dennoch trauert er tief um Christiane und dichtet für sie einen ergreifenden Grabspruch:

»Du versuchst o Sonne vergebens
Durch die düstern Wolken zu scheinen
Der ganze Gewinn meines Lebens
Ist ihren Verlust zu beweinen.«

Im Jahr 1818 wurde der Jakobsfriedhof geschlossen, die Gräber wurden nach und nach eingeebnet. Ob sich die 1888 eingeweihte Erinnerungsstätte über dem ursprünglichen Grabplatz befindet, bleibt bis heute ungewiss. Gewiss aber ist, dass Christiane in ihrer Lebensleistung für den Dichter Goethe und als Frau in ihrer Zeit größte Anerkennung gebührt. Elisa von der Recke schrieb nach Christianes Tod: *»Wodurch die Verstorbene sich mir empfohlen hat, ist, daß ich sie nie von andern Böses sprechen hörte.«*

»Goethes Ehe in Briefen«, hg. v. Hans Gerhard Graf, Frankfurt am Main/ Leipzig 1994 * Effi Biedrzynski, »Goethes Weimar. Das Lexikon der Personen und Schauplätze«, München 1992 * Sigrid Damm, »Christiane und Goethe. Eine Recherche«, Frankfurt am Main/Leipzig, 1998

JOHANNA SCHOPENHAUER

1766–1838

»Die leichte Art, mit der ich die vorzüglichsten Menschen für mich interessiert habe, ist mir selbst ein Wunder (…) Ich gebe Tee, nichts weiter; das übrige Vergnügen muß von der Gesellschaft selbst entstehen.«

BRIEF AN ARTHUR SCHOPENHAUER, Weimar, 14. November 1806

»Johanna Schopenhauer mit ihrer Tochter Luise Adele vor der Staffelei«, Ölgemälde von Caroline Bardua, undatiert

Schon in ihrer Hamburger Zeit, zwischen 1793 und 1805, hatte Johanna Schopenhauer sich als kultivierte Gastgeberin großer Gesellschaften einen Namen gemacht. Und als ihr von Taubheit und Depressionen gequälter Mann sich im April des Jahres 1805 das Leben nahm, verkaufte die kunstsinnige und lebenslustige Frau das große Anwesen in der vornehmen Wohngegend am Wandrahm. Nach einem Erkundungsbesuch im Mai 1806 wählt sie, im Alter von nunmehr vierzig Jahren, Weimar für sich und ihre neunjährige Tochter Adele als neues Lebenszentrum aus. Ihre Ankunft stand zunächst unter keinem guten Stern. Noch waren nicht alle Umzugskisten ausgepackt, da zogen Napoleons Truppen am 14. Oktober 1806 plündernd durch die Stadt. Doch Johanna zeigte sich umsichtig, durchsetzungsfähig und geschickt: Lebensmittelvorräte wurden aufgekauft, Schmuck und Silber im Garten vergraben, das Bargeld den Frauen ins Korsett eingenäht. Durch ihre vorurteilslose, tatkräftige Hilfsbereitschaft gegenüber Notleidenden und verletzten Soldaten beider Seiten empfahl sie sich sowohl der Weimarer Bevölkerung als auch den Franzosen bei ihrem Einstand aufs Beste. Mit Hilfe ihrer souveränen Sprachkenntnisse und klug offerierten Gastlichkeit gehörte ihr Haus am Ende zu den wenigen verschonten Orten der Stadt. Leider ist das Gebäude Windischengasse 13, in dem Johanna im Oktober 1806 für hundertsiebzig Taler jährlich eine Fünfzimmerwohnung mietete und zum ersten Mal an ihren Teetisch einlud, nicht erhalten.

Auch wenn Johanna das Wort »Salon« absichtsvoll nicht verwendete, weil es so einen unsoliden französischen Beigeschmack hatte, kann sie mit Recht als die wichtigste Vertreterin der Salonkultur in der Phase der Weimarer Klassik bezeichnet werden, in der Anna Amalias Tafelrunde bereits der Vergangenheit angehörte. Ihre so harmlos apostrophierte »Teegesellschaft« war der erste ›bürgerliche‹ Salon in Weimar. Durch die offene, demokratische Einstellung der Gastgeberin und durch eine vielseitige Gästemischung unterschied er sich von den aristokratischen Gesellschaften in der Residenzstadt, weswegen ihm einige adlige Damen wie Charlotte von Stein oder die nur zwei Häuser weiter wohnende Lotte von Schiller demonstrativ fernblieben.

In ihrem Brief an Arthur vom 28. November 1806 beschreibt die stolze Gastgeberin hinter der »Teemaschine« die Anfänge ihres Salons folgendermaßen: »*Der Zirkel, der sich sonntags und donnerstags um mich versammelt, hat wohl in Deutschland und nirgends seinesgleichen (...) Goethe fühlt sich wohl bei mir und kommt recht oft. Ich habe einen eigenen Tisch mit Zeichenmaterialien für ihn in eine Ecke gestellt (...) Wir trinken Tee, plaudern; neue Journale, Zeichnungen, Musikalien werden herbeigeschafft, besehen, belacht, gerühmt, wie es kommt. Alle, die was Neues haben, bringen es mit; die Bardua zeichnet irgendeinen als Karikatur (...) Die junge Welt musiziert im Nebenzimmer! wer nicht Lust hat, hört nicht hin. So wird's neune, und alles geht auseinander und nimmt sich vor, nächstens wiederzukommen (...)*«

Eine nähere freundschaftliche Beziehung entwickelt die Gastgeberin zu der jungen Malerin Caroline Bardua und, standesübergreifend, auch zu Anna Amalias alter Hofdame Luise von Göchhausen. Zu den regelmäßigen Gästen ihres Salons zählen neben Meyer, Fernow, Schütze und Goethes Sekretär Riemer das Ehepaar Falk, der alte Wieland (der nur kommt, wenn Goethe fernbleibt), der Kammerherr von Einsiedel, der Musiker Reichardt, die Sängerin Luise Rudorf, verheiratete von Knebel, sowie die Buchhändlerfamilie Frommann aus Jena und Romantiker wie der Kunstgelehrte Zacharias Werner oder der Komponist Carl Maria von Weber. Für prominenten Weimarer Besuch wird die Teilnahme an einem von Johannas geselligen Teetischen schon bald obligatorisch. 1807 kommen Bettina und Clemens Brentano, Achim von Arnim, Carl von Savigny, Friedrich de La Motte-Fouqué, 1808 der Maler Kügelgen, 1809 Wilhelm Grimm. Die folgenreichste Tasse Tee schenkt Johanna gleich im November 1806 aus – an Christiane Vulpius, frisch vermählte von Goethe. Mit dieser Geste nimmt sie die Vielgeschmähte in die Weimarer Gesellschaft auf und gewinnt im selben Zug den Gemahl für ihren Teetisch. Johanna gestaltet ihren Salon bewusst nach den Grundauffassungen bürgerlicher Kultur, in der dem Besitz und freien Gebrauch schöner

Johanna Schopenhauer, Ölgemälde von Gerhard von Kügelgen, 1808/09

Dinge zur Förderung der Geselligkeit eine zentrale Bedeutung zukommt. Wie schon Mitte des 18. Jahrhunderts bei Madame Geoffrin, der einzigen bürgerlichen Salonnière in der aufklärerisch orientierten Pariser Kulturszenerie, lautet auch bei ihr die Maxime: »*Über Politik wird nicht gesprochen*«. Durch die Ästhetisierung des Alltags wird in einer gesellschaftlich instabilen Situation eine begrenzte, heiter-beschauliche und kreative Ruhezone geschaffen, allerdings um den Preis des Verzichts auf oppositionellen Geist und auf leidenschaftliches Gefühl. Und genau das gefällt Goethe. Er fühlt sich, obschon er milden Spott über Johannas geschickt-geschmackvolle Portionierung der Unendlichkeit nicht ganz unterdrücken kann, bei ihr ausgesprochen wohl, erlebt er hier doch Übereinstimmung mit der pädagogischen Seite seiner Kunstauffassung und sich selbst unangestrengt als Maestro. Umso anstrengender müssen die Zusammenkünfte gelegentlich für die übrigen Gäste und die Gastgeberin gewesen sein, wenn sich der Dichterfürst auf dem vielleicht allzu untertänig ausgerollten roten Salonteppich anfallsweise wie ein launischer Haustyrann aufführte, weil ihm bedauerlicherweise niemand widersprach. Mit der ihr eigenen Ruhe und zugleich Wendigkeit in der Gesprächsführung aber meistert Johanna auch noch so lähmende Momente und peinliche Situationen.

Was die Danziger Kaufmannstochter von den meisten ihrer Zeitgenossinnen unterscheidet, ist ihr stabiles Selbstwertgefühl, ihre Weltgewandtheit, ihr mit lustvoller Eitelkeit versetzter Ehrgeiz, ihr – allen widrigen Umständen zum Trotz – zäh behaupteter Glücksanspruch und ihre Begabung zur Zufriedenheit. Dabei verlässt sie sich auf ihre Bildung, ihr kommunikatives Talent, ihre Standfestigkeit auf dem gesellschaftlichen Parkett und die erstaunliche Fähigkeit zur Anpassung ohne Selbstaufgabe. Nach dem Tod ihres Mannes ist Johannas Streben nach einem selbstbestimmten Leben so ausgeprägt, dass sie im Jahr 1814 sogar den Bruch mit dem Sohn in Kauf nimmt, um ungestört ihren Salon führen und mit ihrem Hausfreund – dem Arthur verhassten Regierungsassessor Friedrich Müller von Gerstenbergk – in der Wohnung zusammenleben zu können. Ihre entschiedene Haltung lässt sich bereits in dem ›Erziehungsbrief‹ an Arthur vom 13. Dezember 1807 nachlesen: »*Höre also, auf welchem Fuße ich mit Dir sein will (...) an meinen Gesellschaftstagen kannst Du abends bei mir essen, wenn du Dich dabei des leidigen Disputierens (...) wie auch allen Lamentierens über die schlechte Welt und das menschliche Elend enthalten willst, weil mir das immer eine schlechte Nacht und üble Träume macht und ich gern gut schlafe.«*

Ein Blick auf Johanna Schopenhauers Biografie zeigt, dass sie ihre Lebensart und ihre Bildung zu einem Gutteil ihrem von der Aufklärung geprägten Elternhaus und ihrer Heimatstadt, der europäischen Handelsmetropole Danzig, verdankt. Sie wurde am 9. Juli 1766 als älteste Tochter der angesehenen und wohlhabenden Kaufmannsfamilie Trosiener in Danzig geboren, die im Großkaufmannsstatus zur Oberschicht der Stadt gehörte. Vater Christian Heinrich Trosiener, ein weltoffener und heiterer Mann, ließ seine vier Töchter privat unterrichten: in europäischen Sprachen und Geschichte, Kunst und Literatur. Johanna lernte mit spielerischer Leichtigkeit. Als eines Tages der Künstler Daniel Chodowiecki die Kinderschule seiner Mutter, Madame Chodowiecki, besuchte und die Kinder, unter ihnen Johanna, beim Unterricht zeichnete, entfaltete die Siebenjährige ihre erste verbotene Leidenschaft. »*Von diesem Augenblick an ging all mein Tun und Trachten auf Zeichnen und Malen aus*«, schreibt Johanna in ihren Erinnerungen. Mutig brachte sie ihren Herzenswunsch, bei Chodowiecki Zeichnen zu lernen, in der Familie zur Sprache, doch sie stieß ausnahmslos auf Ablehnung. Der charmante Papa überschüttete sie mit ätzendem Hohn und produzierte einen seiner donnernden Wutanfälle, und auch die gütige Mama Elisabeth zeigte für den »absonderlichen« Wunsch ihrer Ältesten kein Verständnis. Die Heranwachsende wurde fortan nach einem straffen Lehrplan in Religion, im Nähen und Stopfen und im Tanzen zu Hause unterrichtet und fünfmal wöchentlich in der Wohnung der Französin Madame Ackermann mit dem Kanon höfischen Betragens für Bürgerstöchter aus gutem Hause traktiert. Wie noch so oft in ihrem späteren Leben machte Johanna das Beste aus der Situation; sie lernte nun fast perfekt Französisch. Schon bald stimmte die Neunzehnjährige auch ihrer Zwangsverheiratung mit dem unattraktiven, fast zwanzig Jahre älteren, aber einflussreichen und wohlhabenden Kaufmann Heinrich Floris Schopenhauer zu. Sie hatte ihre Überlebens-

Zeichnung von Johanna Schopenhauer, undatiert

strategie gefunden: Das Unvermeidliche wurde in den größtmöglichen Gewinn umgedeutet. Zwischen 1787 und 1803 begleitete Johanna ihren Mann auf ausgedehnten Reisen durch Europa, unter anderem durch die Schweiz, durch Belgien, Holland, Frankreich, England und Schottland. Aus den unterwegs gewonnenen Impressionen gestaltete sie später ihre literarischen Reiseberichte. Die witzig pointierten, genau beobachteten und dazu gründlich recherchierten Darstellungen vermögen uns bis heute in ihren Bann zu ziehen.

Floris Schopenhauer liebte und verwöhnte Johanna. Als er nach der zweiten Teilung Polens im Jahr 1793 wegen seiner republikanischen Haltung Danzig verlassen musste, erfüllte er ihr den Wunsch, in Hamburg ein großes Anwesen zu kaufen. Endlich konnte Johanna Hof halten. So kam sie mit dem von ihr verehrten Dichter Friedrich Gottlieb Klopstock und dessen Kreis in Kontakt, begegnete dem Ehepaar Reimarus, dem Maler Tischbein, Admiral Nelson und seiner Geliebten, Lady Hamilton, besuchte Lesegesellschaften, Opern-, und Theateraufführungen. Doch während sich ihre Lebenslust und ihr Talent zur Salondame bei der Ausrichtung der häufig in ihrem Haus stattfindenden Gesellschaften entfalteten, wurde ihr Mann immer kränker, depressiver und unleidlicher. An Floris Heinrich Schopenhauers tragischem Todessturz vom häuslichen Speicherboden gab Arthur, der das schwermütige, misstrauische Naturell seines Vaters geerbt hatte, zeitlebens seiner Mutter die Schuld. In seinen Werken erhöhte und verdichtete er den aus heutiger Sicht pathologischen Frauenhass zu philosophischer Erkenntnis.

Im Alter von zweiundvierzig Jahren entdeckt Johanna Schopenhauer, dass ihre Talente auch für eine Karriere als Schriftstellerin taugen: Ende 1808 wird sie von dem Verleger Cotta gebeten, als Vertraute des Weimarer Bibliothekars Carl Ludwig Fernow eine Biografie über diesen zu schreiben; Johanna hat den lebensbedrohlich erkrankten Freund nach dem Tod von dessen Frau in seinen letzten Lebensmonaten bei sich zu Hause aufgenommen und bis zu seinem Ende liebevoll gepflegt. Zwischen ihr und dem kunstbesessenen Gelehrten war in knapp zwei Jahren eine geistig so inspirierende, vertrauensvolle und zärtliche Beziehung entstanden, dass man wohl von einer Liebe sprechen kann, wie sie sich in einer derartigen Nähe und Intensität in Johannas Leben niemals wiederholen sollte, auch nicht in der späteren Altersfreundschaft mit ihrem dreißig Jahre jüngeren »Wunschsohn«, dem Dichter und Theaterregisseur Karl von Holtei. Vorsorglich verbrennt sie nach Fernows Tod den intimen Briefwechsel. Nachdem sie mit der Veröffentlichung der Biografie im Jahr 1810 ein unerwartet positives Echo gefunden hat, setzt Johanna im nachfolgenden Jahrzehnt allen Fleiß und Ehrgeiz als Autorin in Gang und bringt es schließlich in der bei Brockhaus und Sauerlaender 1830/31 erscheinenden ersten Gesamtausgabe auf vierundzwanzig Bände, gefüllt mit Kunstdarstellungen, Reisebeschreibungen, Erzählungen, Novellen, Romanen und Lebenserinnerungen. Die größte Berühmtheit und literarische Anerkennung, unter anderem durch Goethe, hat sie ausgerechnet mit ihrem aus heutiger Sicht schwächsten Werk erlangt: dem 1819/29 erscheinenden dreibändigen Roman »Gabriele«, mit dem sie einen neuen Romantypus schuf, den »Entsagungsroman«. Die weibliche Hauptperson, die autobiografische Züge trägt, verlagert darin ihre im Leben uneinlösbaren Glückserwartungen an ein erfülltes Liebesleben, effektvoll mit empfindsamem Pathos angereichert, ins Jenseits – passend zum Frauenideal der Restaurationszeit und offenbar der Auflagenzahl förderlich.

Johanna Schopenhauer ist mit ihren Werken so erfolgreich, dass sie nach Sophie von La Roche und Sophie Mereau nun die dritte Berufsschriftstellerin in Deutschland wird, die von ihren Einnahmen leben kann. 1813 ist sie in eine große Wohnung im Haus am Theaterplatz 1a umgezogen; dort verlagert sich der Akzent ihres Tuns nach und nach von der Salonkultur aufs Schreiben. Bemerkenswert geschickt und modern führt sie als Autorin die Verhandlungen um ihre Honorare: Sie argumentiert nicht mit der künstlerischen Qualität, sondern mit dem geleisteten Zeit- und Arbeitsaufwand. Die Honorare kann sie dringend gebrauchen: 1814 muss sie dem volljährigen Arthur auf dessen Drängen sein Erbteil von rund 20 000 Talern auszahlen, und 1819 verliert sie durch den Bankrott ihres Danziger Bankhauses fast ihr ganzes Vermögen. Zu Adeles Leidwesen will sie ihren üppigen Lebensstil dennoch nicht aufgeben. Erst als die letzte Samtrobe unerbittlich durchgetragen ist, weiß sie, dass jetzt nur noch der Fortgang aus Weimar helfen kann, ihr Gesicht zu wahren. 1829 zieht sie mit Adele ins Rheinland um. Die beiden leben, bescheidener nun, zur Miete bei Adeles Freundin Sibylle Mertens-Schaaffhausen, erst im Dorf Unkel, dann in Bonn.

1836 beginnt Johanna damit, ihre Autobiografie zu schreiben: *»Erzählen! des Alters liebste Unterhaltung; und warum sollte es nicht sein?«*, heißt es im Vorwort. Im Jahr 1837 gewährt Großherzog Carl Friedrich ihr eine Jahrespension in Höhe von dreihundert Talern; die über Siebzigjährige zieht mit ihrer Tochter Adele freudig wieder nach Thüringen zurück. Bis zu ihrem Tod wohnt sie nun in Jena, nach eigener Darstellung inzwischen eine *»heitre, anspruchslose alte Frau, der man im geselligen Umgange die Schriftstellerin gar nicht anmerkt«*. Sie pflegt alte und neue Kontakte, unter anderem zu Caroline von Wolzogen, die auch seit einigen Jahren in Jena lebt und schreibt. Im Jahr 1838 stirbt Johanna an einem Nervenschlag. Sie wird auf dem Johannisfriedhof in Jena bestattet. Der einundvierzigjährigen Adele hinterlässt sie viele Werke und auch viele Schulden.

Johanna Schopenhauer, »Im Wechsel der Zeiten, im Gedränge der Welt. Jugenderinnerungen, Tagebücher, Briefe«, Düsseldorf/Zürich 2000 * dies., »Reise durch England und Schottland«, Stuttgart 1965 * dies., »Gabriele. Ein Roman«, München 1985 * Christa Bürger, »Johanna Schopenhauer oder die Entsagung«, in: dies., »Leben schreiben. Die Klassik, die Romantik und der Ort der Frauen«, Stuttgart 1990 * Carola Stern, »Alles was ich in der Welt verlange. Das Leben der Johanna Schopenhauer«, Köln 2003

Adagio

»ICH GLAUB GEWISS, DASS MUSIK MIR ZUM TAGWERK WERDEN KÖNNTE«

FRAUEN DER WEIMARER NACHKLASSIK UND IN WEIMARS »SILBERNER ZEIT«

Was kommt in Weimar nach der goldenen Ära der Klassik? Die Nachklassik und die Silberne Zeit, musikalisch die Romantik, politisch die Epoche von der Restauration über die liberalen Aufbrüche und demokratischen Bewegungen um 1848 bis hin zum ersten deutschen Kaiserreich und den Gründerjahren. Nachklassik und »Silberne Zeit« bescheren uns eine große Vielfalt interessanter Frauenpersönlichkeiten aus unterschiedlichen gesellschaftlichen Wirkungsbereichen. Weibliche Salongeselligkeit und literarische Produktivität haben in Deutschland seit dem 18. Jahrhundert an Selbstverständnis gewonnen, auf den Theater- und Konzertbühnen, in den musikalischen Salons der Kulturmetropolen sind mehr Künstlerinnen zu finden, und auch im sozialen und politischen Bereich beginnen Frauen, sich öffentlich zu organisieren und einzumischen. Aber wann hat in Weimar die Nachklassik begonnen? Mit der Ankunft der neuen Erbgroßherzogin, der Zarentochter Maria Pawlowna, 1804 oder erst 1832 mit Goethes Tod? Die Freundinnen Ottilie von Goethe und Adele Schopenhauer führen Ende der 20er-Jahre im Goethe-Wohnhaus am Frauenplan einen eigenen Salon und geben darauf eine Antwort: 1829 bringen sie eine Salonzeitschrift heraus und geben ihr den Namen *Chaos* … Wie Maria Pawlowna gehört auch die ein Jahr ältere Bettina von Arnim, von der das oben genannte Titelzitat stammt, zu den Grenzgängerinnen zwischen den Epochen. Als junge Romantikerin hat sie Goethe umschwärmt, als gestandene Demokratin besucht sie gemeinsam mit ihren Töchtern Franz Liszt auf der Altenburg. Sie macht es wie die meisten Vertreterinnen dieser Übergangszeit:

Sie bauen in verehrender Bezogenheit auf der Klassik auf und entwickeln in Kombination mit den aktuellen künstlerischen und politischen Impulsen ihrer Zeit daraus etwas eigenständig Neues. Bei einer Reihe von Frauen der Nachklassik erleben wir eine charakteristische und in ihrer Art wohl einmalige Synthese aus den drei Faktoren: Goethe-Verehrung, künstlerischer Profession und sozial-emanzipatorischem Engagement. Ein typisches Beispiel dafür ist die Weimarer Sängerin Emilie Merian-Genast: Sie war eine erfolgreiche Künstlerin, führte einen hochangesehenen Salon und war 1876 Mitbegründerin, dann langjährige erfolgreiche Leiterin des »Vereins für weibliche Kunstindustrie«, einer Einrichtung für sozial benachteiligte Frauen und Mädchen der unteren Stände. Aus den Beständen dieses Vereins stammen dann die ersten Webstühle für die Weberei des Bauhauses, aber das gehört ins nächste Kapitel.

Die Aufbruchstimmung mit Liberalismus, Republikanismus, 1848er-Revolution, nationalen Befreiungsbewegungen, jüdischer Emanzipations- und beginnender Frauenbewegung in der Mitte des 19. Jahrhunderts erhielt in Weimar durch die bleibende Bindung an die idealistischen und humanistischen Werte der Klassik, die auch vom Hof repräsentiert wurden, eine dauernde Mäßigung und auch Skepsis gegenüber spontanen revolutionären Volksbewegungen. Zugleich sorgte ein hohes Bildungsideal, das seine Nahrung zu einem großen Teil aus der leidenschaftlichen Verehrung der Klassiker und der genauen Kenntnis ihrer Werke bezog, in den Salons lebendig erhalten wurde und darin wiederum die Auseinandersetzung mit aktueller Emanzipationsliteratur vorantrieb, für hohe Ansprüche an gleichberechtigte Bildungschancen, soziale Gerechtigkeit und demokratisches politisches Handeln.

Die 1848er-Revolution verlief in Weimar entsprechend unblutig. Sachsen-Weimar-Eisenach betrieb neben Gotha-Coburg bis an die Wende zum 20. Jahrhundert die fortschrittlichste Politik in Thüringen. Die Herzogtümer boten steckbrieflich gesuchten Republikanern und Demokraten nach der 1848er-Revolution

auch aufgrund ihrer innigen Beziehung zum europäischen Literatur-, Musik- und Theaterleben Zuflucht; so kamen Richard Wagner und Hoffmann von Fallersleben nach Weimar. Zum Ärger Preußens blieben beide Herzogtümer auch nach der Gründung des Kaiserreiches bei ihrer eigenständigen linksliberalen Linie. In diesem geistigen Klima meldeten sich auch fortschrittliche Denkerinnen zu Wort. Die Weimarer Frauenrechtlerin Natalie von Milde zum Beispiel, der wir ein Porträt widmen, bietet in ihrem Wirken ein typisches Beispiel für die Kombination aus emanzipatorischen Bestrebungen und Traditionsbindung. Auf dem Internationalen Frauenkongress in London 1899 zum Thema »Die deutsche Frau in der Literatur« argumentierte sie unter anderem damit, dass auch die Frauengestalten bei Goethe dem weiblichen Streben nach Emanzipation entsprechen würden.

Das ebenso anspruchsvolle wie effektive Engagement und die finanzielle Mitgift Maria Pawlownas schufen die Grundlage dafür, dass sich innerhalb eines halben Jahrhunderts das kulturelle und wirtschaftliche Erscheinungsbild des Großherzogtums Sachsen-Weimar-Eisenach und dessen Residenzstadt entscheidend veränderte. Diese Entwicklung war gekoppelt an die rasanten Veränderungen, die sich im 19. Jahrhundert auf technischem, wirtschaftlichem und sozialem Gebiet durch die industrielle Revolution vollzogen. Bereits 1847 fuhr die Großherzogin zum ersten Mal mit der Eisenbahn durch Thüringen. In den 1870er-Jahren entwickelte sich Thüringen dann zum vierten großen industriellen Ballungszentrum im Deutschen Reich. Zum Wohlstand der Gründer und ersten Großindustriellen kam auf der anderen Seite eine neue Massenverelendung, und es schlug die erste große Stunde der Parteien. In Sachsen-Weimar-Eisenach gab es inzwischen ein gleichmäßiges Netz sozialer und schulischer Einrichtungen, das der umsichtigen Sozial- und Bildungspolitik Maria Pawlownas und ihrer Nachfolgerin Großherzogin Sophie zu verdanken war. Die Politik der beiden Großherzoginnen schuf auch günstige Voraussetzungen für das Engagement von Frauenrechtlerinnen in Weimar. Bereits 1817 hatte Maria Pawlowna als Einrichtung der Volksfürsorge das »Patriotische Institut der Frauenvereine« gegründet. Diese Organisation darf nicht gleichgesetzt werden mit derjenigen, die später der Rekrutierung von weiblichem Hilfspersonal für den (militärischen) Dienst an der Nation durch Maria Pawlownas Tochter Kaiserin Augusta in Preußen zu Grunde lag und letztlich die bürgerliche Frauenbewegung torpedierte. Maria Pawlowna – die wir hier porträtieren möchten – hatte einen reformerisch-liberalen, Augusta einen autoritär-nationalen Patriotismusbegriff. Nach Maria Pawlownas Tod 1859 setzte Großherzogin Sophie die bewährte Kombination aus Traditionsbindung und fortschrittlicher Bildungs- und Sozialpolitik fort. Die Gründung der ersten höheren Schule für Mädchen in Weimar betrieb sie mit dem gleichen Selbstverständnis wie die Gründung des Goethe- und Schiller-Archivs und die Herausgabe der ersten Goethe-Gesamtausgabe.

Seit Maria Pawlowna erst Johann Nepomuk Hummel (1819), dann Franz Liszt (1842) als Hofkapellmeister gewinnen konnte, rückte in der Nachklassik die Musik immer stärker ins Zentrum des kulturellen Geschehens. Bis zur Mitte des Jahrhunderts entwickelte sich Weimar, trotz finanzieller Engpässe und gelegentlicher Provinzpossen, zu einem Ort, in dem die europäische Musikszene der Romantik auf der Bühne des Hoftheaters, auf der Altenburg und in den adligen und bürgerlichen Salons ein und aus ging. Die Pianistin Clara Wieck (Schumann) und die Sängerin Jenny Lind gaben sowohl unter Hummel als auch unter Liszt Gastspiele in Weimar. Als einer der berühmtesten Besucherinnen der Stadt ist der »schwedischen Nachtigall« in diesem Kapitel ein Porträt gewidmet. Eine weitere international bedeutende Sängerin war Pauline Viardot-Garcia, die mit Liszt, Clara Schumann und George Sand befreundet war und sich häufiger mit dem Schriftsteller Turgenjew in Weimar traf. Zu hohem Ansehen bei den großen Wagner-Uraufführungen unter Franz Liszt kam die in Weimar geborene Sängerin und Gesangspädagogin Rosa von Milde.

Neben berühmten Künstlerinnen sind immer wieder bedeutende Schriftstellerinnen in Weimar zu Gast wie Bettina von Arnim, Fanny Lewald und später George Eliot. Und auch Weimarer Autorinnen veröffentlichen mehr Werke denn je: emanzipatorische wie Amalie Winter, urwüchsig-volkstümliche wie Henriette von Schorn, historischdokumentierende wie ihre Tochter Adelheid, frauenbewusste wie Helene Böhlau, frauenbewegte wie Natalie von Milde. Henriette von Schorn, der wir ein Porträt gewidmet haben, war eng mit Franz Liszt befreundet und zu ihrer Zeit als Schriftstellerin und Salondame bekannt. Leider ist eines ihrer wichtigsten Werke 2004 dem Bibliotheksbrand zum Opfer gefallen. Vorbilder, Anstifterinnen, Freundinnen der Weimarer Autorinnen sind vor allem die zeitgenössischen ›frechen Frauen‹ aus Berlin: Bettina von Arnim – deren inzwischen dritter Briefroman in Preußen gleich nach seinem Erscheinen erst einmal verboten wird – und auch Fanny Lewald, die mit ihrem langjährigen Brieffreund Großherzog Carl Alexander über die Gleichberechtigung streitet.

Die relative Fortschrittlichkeit der Weimarer Sozial- und Bildungspolitik lag wesentlich im aufklärerischen Glauben an die Humanisierung der Menschheit durch Kunst, Kultur und Bildung begründet, der schon Anna Amalias Politikverständnis geleitet hatte. In dieser Auffassung von ›Kultur als Politik‹ wurde dem Lesen und der Förderung verantwortlich humanistischen Handelns durch die Literatur stets eine zentrale Stellung eingeräumt. Entsprechend lässt sich eine Entwicklungslinie ausmachen von der Neugestaltung der – öffentlich zugänglichen – Herzoglichen Bibliothek durch Anna Amalia im Jahr 1766 über das 1859 von Maria Pawlowna gestiftete Lesemuseum – eine öffentliche Lesehalle, in der rund 90 aktuelle Zeitungen und Zeitschriften auslagen – bis zum »Lesezimmer für Frauen«, das 1902 von der Frauenrechtlerin Natalie von Milde gegründet und von der regierenden Erbgroßherzogin Pauline gefördert wurde. Wie sagte einst die mit Natalie von Milde befreundete Marie von Ebner-Eschenbach: *»Als die erste Frau lesen lernte, trat die Frauenfrage in die Welt.«* Also lesen Sie am besten gleich weiter.

MARIA PAWLOWNA

1786 – 1859

»Meine Absicht war stets nur darauf gerichtet,
Gutes zu stiften, aber,
wie jedermann weiß, auch hinter dem besten Willen
bleibt die Erfüllung weit zurück.«

MARIA PAWLOWNA 1857 in ihrem Testament

⁜

Maria Pawlowna, kolorierter Punktierstrich nach einem Gemälde
von Ferdinand Jagemann, um 1910

Als Maria Pawlowna, die achtzehn Jahre junge Zarentochter, am 9. November 1804 an der Seite des Erbherzogs Carl Friedrich von Sachsen-Weimar-Eisenach in Weimar ankam, hatte sie eine vierunddreißigtägige Fahrt von St. Petersburg hinter sich. In der komfortablen Reisekutsche, die ihr Bruder, Zar Alexander, ihr am 3. August zur Hochzeit geschenkt hatte, befand sich, neben vielen ›Extras‹ für die Kaiserliche Hoheit, ein unter dem Wagenkasten angebrachter Geheimsafe, vermutlich gut gefüllt. Marias Großmutter, die gewitzte Heiratsstrategin Katharina die Große, hatte ihre Enkelinnen Helena, Jekaterina und Maria beizeiten mit drei opulenten identischen Brautschätzen ausgestattet. Marias »Trousseau«, verpackt in 144 Kisten, verteilt auf 79 Pferdewagen, traf schon vier Wochen vor ihrer Ankunft in Weimar ein und wurde vom Volk gebührend bestaunt. Unter den kostbaren Stoffen, Pelzen, Teppichen, Gläsern, Uhren, Tafelservicen und Möbelstücken befand sich auch, von einem vergoldeten russischen Adler überwacht, das kolossale Brautbett. Das Wertvollste aber waren die Juwelen und Kultgegenstände, die zur Ausübung des *»griechischen«* Glaubens dienen sollten. Laut Artikel XIV des Heiratskontrakts mussten die Wohnsitze der Großfürstin *»Kapellen des griechisch-orientalischen Rituals«* enthalten (»orthodox« sagte man erst Ende des 19. Jahrhunderts). Marias russische Priester Nikita Jasnowski und Stefan Sabinin waren gelehrte Männer; Sabinin gab zum Beispiel 1840 eine deutsche Übersetzung von Puschkin-Novellen mit heraus. Am 26. Januar 1805 konnte Maria Pawlowna nach Hause schreiben: *»Meine Kirche ist völlig eingerichtet.«* Gemeint war die Kapelle im Haus an der Ackerwand, in dessen Obergeschoss seit 1777 Charlotte von Stein wohnte.

Fünf Jahre hatten die Heiratsverhandlungen zwischen Weimar und Petersburg gedauert; die Verbindung diente in erster Linie der Festigung des Bündnisses gegen Frankreich. Anna Amalia schrieb am 28. November 1804 an Knebel: *»Mit Freude und wahrer Liebe sage ich Ihnen, dass meine neue Enkelin ein wahrer Schatz ist, die ich unendlich liebe und* *verehre.«* Anna Amalia wusste um den Doppelsinn ihrer Worte. Anders als sie konnte Maria Pawlowna, ausgestattet mit einer Mitgift von einer Million Rubel, ein halbes Jahrhundert lang als Wohltäterin und Mäzenin tätig sein. Die kulturelle Entwicklung Weimars brachte sie vor allem durch die Förderung von Musik und Kunst voran. Zur Musik hatte sie eine innige persönliche Beziehung, dafür brachte sie aus ihrer Kindheit große Begabung und eine anspruchsvolle Ausbildung mit. Schon als Neunjährige schloss sie ihr Generalbassstudium ab, später komponierte sie auch. Nach Weimar brachte sie ihre Harfe und ihren Flügel mit – über Jahre das einzige qualitätvolle Instrument seiner Art in der Stadt – und stellte diesen für Konzerte zur Verfügung. Ab 1846 nannte auch Hofkapellmeister Franz Liszt in Weimar ein hochwertiges Instrument sein eigen: den berühmten Broadwoodflügel Beethovens, den der Musikverleger Spina auf einer Auktion in Wien gekauft und ihm geschenkt hatte.

Zurück zum Ankunftsszenario von 1804: Von der Weimarer Bürgerschaft und den Vertretungen der Dörfer waren kunstvolle Triumphbögen errichtet worden. Das nach dem Brand von 1774 nun wiederaufgebaute Schloss erstrahlte in festlichem Glanz; eine Hauptattraktion war das klassizistische Treppenhaus von Heinrich Gentz. Zum ersten Theaterbesuch Maria Pawlownas wurde als Prolog das eigens von Schiller gedichtete lyrische Spiel »Huldigung der Künste« aufgeführt. Schiller war zu jener Zeit in Russland der bekannteste deutsche Dichter; schon 1787 war der 1. Akt des »Don Carlos« im Theater des Zarensitzes Gatschina aufgeführt worden. Nach ihrer Ankunft in Weimar schickte Maria Pawlowna ihrer hochgebildeten Mutter Maria Fjodorowna, die deutscher Herkunft war, alle Bücher der Klassiker, die diese noch nicht besaß, nach Petersburg. Sie selbst fühlte sich in Weimar erst einmal fremd. In einem der ersten Briefe an die Mutter nennt sie die Stadt eine *»unglaubliche Mischung von Hohem und Niedrigem«*. Und wer und was gehörte nun zum »Niedrigen«?: *»Frauen und Männer, die recht unbedeutend oder geradezu unangenehm sind und unter denen man eine Menge Plattfüße findet, (...) und schließlich eine mittlere Sorte von Menschen, die sich nur in eine Richtung bewegen (...) und sich die Zeit vertreiben, daß sie gaffen oder die geistreichen Menschen bestaunen sowie auf die Dummköpfe* *achtgeben«*. Maria spottete gern. Herzogin Luise aber beschrieb sie als *»gebildet, liebenswert, wenn man sie näher kennt, ehrwürdig, geistreich«* und über ihren sanften Gemahl urteilte sie gar nicht, denn sie liebte ihn, für eine dynastisch arrangierte Ehe eine glückliche Fügung. Anders als der verzückte Wieland begegnete Goethe Maria Pawlowna zunächst mit zurückhaltender Achtung. Als erfahrener Minister wurde er dann nach und nach zu ihrem vertrauten Berater.

Maria Pawlownas Großmutter, die 1729 als Prinzessin von Anhalt-Zerbst geborene Zarin Katharina die Große, hatte die Erziehung ihrer Enkelinnen nach aufklärerischen Prinzipien von Anfang an selbst in die

Residenzschloss Weimar mit Sternbrücke, 2007

Russisch-orthodoxe Grabkapelle auf dem Historischen Friedhof, 2007

Hand genommen. Über die fünfjährige Maria urteilte sie: »*Das ist ein richtiger Dragoner: fürchtet nichts, alle ihre Neigungen und Spiele sind männlich.*« Und über die Zehnjährige: »*Sie ist sehr klug und für alles begabt und wird eine weise Jungfrau (...) Sie liebt zu lesen und liest viele Stunden lang (...); sie ist auch dabei sehr lustig und aufgeräumt und tanzt wie ein Engel.*« Wichtig für Marias positive Entwicklung waren auch ihre Erzieherin Charlotte Karlowna Lieven, genannt »*Ritter ohne Furcht und Tadel*«, und die ihr zur Freundin gewordene Gouvernante Jeanette Mazelet. Die tyrannische Launenhaftigkeit ihres Vaters Paul I. und die kleinliche Strenge ihrer Mutter vermochten ihr, nachdem Katharina 1796 gestorben war, kaum noch etwas anzuhaben.

Obwohl Maria Pawlowna auch für die Kultur Großes leistete, bleibt die Schaffung eines umfassenden Systems der Sozialfürsorge im Großherzogtum ihre zentrale politische Leistung. Schon Katharina hatte einst für das riesige russische Herrschaftsgebiet erstmalig ein flächendeckendes System elementarer Schulbildung geschaffen, und Maria Fjodorowna hatte sich als Organisatorin und Reformerin auf dem Gebiet der Frauenbildung engagiert; zahlreiche Frauenschulen in Russland gingen auf ihre Initiative zurück. Maria Pawlowna besaß einen ausgeprägten Sinn für Strukturierung, Organisation und effektive Kontrolle. Mit Hilfe größter Selbstdisziplin und eines ungeheuren täglichen Arbeitspensums war sie stetig in ihren Einrichtungen präsent. Armen- und Krankenpflegehäuser wurden ausgebaut, Strafanstalten modernisiert, »Kinderbewahranstalten« eingerichtet. Zum Puls der gesamten Organisation wurde Maria Pawlownas »Patriotisches Institut der Frauenvereine«. Sie baute den 1813/14 zunächst zur Linderung der Not und zur Pflege von Kranken gegründeten Verein schrittweise zu einem landesweiten Netz elementarer Bildung aus, das in Deutschland absolut einmalig war. Geholfen wurde allen Gruppen von Bedürftigen: Armen und elternlosen Kindern, verelendeten Familien, Alten, Kranken, Behinderten. Mittel- und langfristig galt das Prinzip Hilfe zur Selbsthilfe. In den ab 1816 für Mädchen eingerichteten Industrieschulen wurde an sechs Tagen in der Woche von drei Lehrerinnen Baumwoll- und Flachsspinnen, Wäschezeichnen, Nähen und Stricken unterrichtet, während der Arbeit wurde zusätzlich vorgelesen. In den Vereinsstatuten waren fortschrittliche pädagogische Grundsätze verankert: Alle Kinder sollten, unabhängig von ihrer Herkunft, gleich behandelt werden, körperliche Züchtigung war verboten, stattdessen wurde Motivationsförderung empfohlen. 1817 existierten 22 Frauenvereine, die in 20 Industrieschulen 813 Schülerinnen unterrichteten, 1842 waren es 97 Frauenvereine mit 108 Industrieschulen für 3809 Schülerinnen! Die Großherzogin ließ auch Arbeitsschulen für Knaben, Freie Gewerke- und Ackerbauschulen und 1834 eine Landesbaumschule errichten. Im Stadtgebiet sorgte sie dafür, dass nachts mehr Licht auf den Straßen war, auf dem Land dafür, dass am Tage genügend Schatten da war, indem sie überall die Dorfstraßen mit Obstbäumen bepflanzen ließ. Nach der neuen »Fürstlichen Baumordnung« durfte kein Baum ohne ihre Einwilligung beschnitten oder gefällt werden. 1821 gründete Maria Pawlowna in Weimar eine Sparkasse, 1847 stiftete sie *»zur Zierde der Stadt«* sechs Brunnen. Ihren Wohnsitz, Schloss und Park Belvedere, ließ die Großherzogin nach Prinzipien des englischen Landschaftsgartens gestalten und fügte zur Erinnerung an ihre Heimat Elemente aus Pawlowsk, der Residenz ihrer Mutter, mit ein. Die von der Empfindsamkeit inspirierte, künstlerisch begabte Maria Fjodorowna hatte im dreißig Kilometer von Petersburg gelegenen Pawlowsk (Katharinas Gegengabe für den Entzug der Kinder) in vierzig Jahren aus einer Wildnis ein prachtvolles Kunstwerk russisch-deutscher Adelskultur im Stil des romantischen Klassizismus entstehen lassen.

Nachdem 1828 Großherzog Carl August gestorben, Carl Friedrich an seine Stelle getreten und Maria Pawlowna offiziell zur Mitregentin geworden war, nachdem 1832 auch Goethe gestorben war, bemühte Maria Pawlowna sich verstärkt, in der Tradition von Anna Amalias Tafelrunde einen neuen Musenhof zu begründen. Wie Anna Amalia wollte sie mit den von ihr initiierten literarischen Abenden auch ihr eigenes Wissen vertiefen. Über viele Jahre hinweg lud sie Wissenschaftler wie Alexander von Humboldt ins Stadtschloss oder nach Belvedere dazu ein, im gemischten Kreis von Hofadel und Gästen über ihre Spezialgebiete zu referieren. Die Vortragsmanuskripte wurden von ihr durchgearbeitet und gesammelt. Zum Kreis gehörten Jenaer Professoren wie

Huschke, Göttling, Fries, Hase, aber auch in Weimar wirkende Gelehrte wie Froriep, Schütze, Schorn und Schöll. Mit den unter der Leitung des Kunstgelehrten Ludwig von Schorn ab 1835 im Schloss als museale Orte eingerichteten Dichterzimmern begründete das Großherzogspaar die Memorialkultur der Weimarer Klassik.

1819 hatte Maria Pawlowna Johann Nepomuk Hummel, einen der führenden Pianisten Europas, als Hofkapellmeister nach Weimar geholt. Ihm verdankte die Stadt die Einführung regelmäßiger Abonnements-Konzerte und eine erhebliche Steigerung des Veranstaltungsniveaus mit Auftritten berühmter KünstlerInnen wie Jenny Lind oder Niccolo Paganini. Ab 1842 konnte die Großherzogin den Virtuosen und Komponisten Franz Liszt für das Amt gewinnen und nahm auch selbst Unterricht bei ihm. Mit Liszt begann Weimars »Silberne Zeit«. Er holte die europäische Musikszene von Berlioz und Borodin über Clara und Robert Schumann und Pauline Viardot bis zu Joseph Joachim nach Weimar. Als Liszt eine Liebesbeziehung mit der verheirateten polnischen Fürstin Carolyne zu

LINKS: Gnom aus dem Russichen Garten im Schlosspark von Belvedere, 2007
RECHTS: Lesetempel am Goetheplatz, 2007

Sayn-Wittgenstein einging und mit dieser auf der Weimarer Altenburg Quartier bezog, hielt Maria Pawlowna lange ihre schützende Hand über ihn, obwohl die meisten Hofbeamten die ›wilde Ehe‹ als skandalös betrachteten und ihr Bruder Zar Nikolaus sie drängte, dem unmoralischen Zustand ein Ende zu setzen.

Nachdem die Zeit der 1848er-Revolution in Sachsen-Weimar-Eisenach friedlich verlaufen und es Carl Friedrich gelungen war, die linksliberale, Preußen gegenüber selbständige Position des Großherzogtums zu erhalten, konnte im Juni 1853 das fünfundzwanzigjährige Regierungsjubiläum des Fürstenpaares gefeiert werden. Bereits einen Monat später starb Carl Friedrich. Sein Sohn Carl Alexander und Sophie, Prinzessin von Den Haag und Nichte Maria Pawlownas, übernahmen die Regierung, Maria Pawlowna zog sich auf ihren Witwensitz Belvedere zurück. Im Juli 1854 gründete sie im Schloss Großkromsdorf ein Damenstift. Auch jetzt gab sie ihre ausgeprägte Reisetätigkeit noch nicht auf. War sie 1847 zum ersten Mal mit der Eisenbahn durch Thüringen gefahren, so bewältigte sie im Sommer 1856 die 2000 Kilometer ihrer letzte Reise nach Russland erstmals mit der Bahn. Ab 1857 widmete sie sich ihrem Nachlass und schrieb ihr Testament. 1859 ließ sie, nach dem Vorbild des Niketempels auf der Akropolis, auf dem Karlsplatz (heute Goetheplatz) für die 1831 gegründete Lesegesellschaft ein neues »Lesemuseum« errichten. Damit stellte sie sich bewusst in die Tradition der von Anna Amalia begonnenen Leseförderung. In der öffentlichen Lesehalle, in der Stadt »Lesetempel« genannt, lagen täglich 86 Zeitungen und Zeitschriften sowie ein Fremden- und ein Mitteilungsbuch aus; beide lesen sich heute wie das »Who's who« der Prominenz des europäischen Vormärz.

Am 23. Juni 1859 starb Maria Pawlowna auf ihrer Residenz Belvedere. Der Trauergottesdienst wurde in der Kapelle an der Ackerwand abgehalten. Ab 1860 wurde für sie auf dem Neuen (heute: Historischen) Friedhof direkt neben der Fürstengruft eine orthodoxe Grabkapelle errichtet. Mit Hilfe eines Durchbruchs der Grundmauern wurde erreicht, dass Maria Pawlownas Sarkophag direkt unter der Kapelle und zugleich neben den Sarkophagen der herzoglichen Familie platziert werden konnte. Wie ein Nachruf liest sich eine Äußerung des Staatsministers Freiherr von Watzdorf über die Großherzogin, den die Frauenrechtlerin Natalie von Milde 1904 in ihrem »Gedenkblatt zum 9. November 1804« zitiert: »*Während sie nach allen Seiten das Bestehende zu erhalten und zu erweitern bemüht war, beschäftigte sie sich fortwährend mit dieser oder jener neuen Idee zur Förderung ihres gemeinnützigen Strebens. (...). Sie besaß große Festigkeit des Charakters, wurde den Grundsätzen, die sie in sich aufgenommen, niemals untreu und verfolgte mit unermüdlicher Ausdauer die Ziele, die sie sich gesteckt hatte.*«

Natalie von Milde, »Maria Pawlowna. Ein Gedenkblatt zum 9. November 1804«, Hamburg 1904 * Maria Pawlowna, »Die frühen Tagebücher der Erbgroßherzogin«, in frz. Sprache, hg. von Katja Dmitrieva und Viola Klein, Köln/Weimar/Wien 2000 * Detlew Jena, »Maria Pawlowna. Großherzogin an Weimars Musenhof«, Graz/Wien/Köln 1999 * Erich Taubert, »Großfürstin Maria Pawlowna in Weimar«, Weimar 2001 * Stiftung Weimarer Klassik und Kunstsammlungen (Hg.), »›Ihre Kaiserliche Hoheit‹ Maria Pawlowna am Weimarer Hof«, Ausstellungskatalog, Weimar 2004 * Rita Seifert, »Privat oder Staat? Maria Pawlowna und die Frauen im Großherzogtum Sachsen-Weimar-Eisenach«, Weimar 2005

Musikalien aus der Privatleihbibliothek Maria Pawlownas

HENRIETTE VON SCHORN

1807–1869

»Auf dem Schlafrock Orden tragen
Im Gedichte ›Sie‹ zu sagen,
Schlechten Bildern schöne Rahmen,
Schlechten Kerls die besten Namen,
Und noch manche an'dren Sachen,
Können Spaß und Galle machen.«

HENRIETTE VON SCHORN (d. i. H. Nordheim), »Lieder und Sprüche«, Weimar 1854

✻

Henriette von Schorn, Fotografie Atelier Frisch, Weimar, undatiert

Henriette von Schorn wird als Henriette Wilhelmine Auguste Freiin von Stein in Nordheim im Grabfeld bei Meiningen geboren und wächst in ländlicher Umgebung auf. Im Jahr 1831 kommt sie als Hoffräulein der Großherzogin Maria Pawlowna nach Weimar. Zwei Jahre später, 1833, zieht der Kunsthistoriker Dr. Ludwig Schorn (geboren 1793) nach Weimar. Als Nachfolger des verstorbenen Heinrich Meyer wird er Direktor des Kunstinstituts und Vorstand der Kunstsammlungen in Weimar und macht sich bald als künstlerischer Leiter bei der Gestaltung der berühmten »Dichterzimmer« im Schloss einen Namen. Die junge Dame aus ländlichem Adel und der weltläufige und bereits familiär gebundene Professor verlieben sich ineinander. Als Henriette aber ihrer Herrin mitteilt, dass sie Schorn nicht nur liebt, sondern auch noch heiraten möchte, ist diese empört, und auch Henriettes eigene Familie, die Familie von Stein, ist dagegen. *»Es war ein unerhörtes Ereigniß, daß ein Fräulein vom Hofe, eine Tochter aus altadligem Geschlecht, einen Bürgerlichen heirathen wollte«*, kommentiert ihre Tochter Adelheid den Wunsch der Mutter später in ihrem Memoirenwerk »Zwei Menschenalter«. In der Tat: Aus der Sicht der damaligen Zeit bedeutete dieser öffentlich geäußerte Wunsch eine Rebellion gegen die jahrhundertealte patriarchale Konvention der Standesehe. Die junge Frau wagt es, ihrem persönlichen Glücksanspruch eine höhere Bedeutung beizumessen als einem allgemeingültigen Ordnungsprinzip des Adels und damit die Neigung über die Pflicht zu stellen. Im Verlaufe der Auseinandersetzungen stellt die Großherzogin ihrer jungen Hofdame schließlich die Frage, ob sie es denn ertragen könne, als bürgerlich Verheiratete im Theater nur noch auf dem linken und nie mehr auf dem rechten Balkon zu sitzen. Doch Henriette geht es ums Ganze, und sie streitet sowohl in der Familie als auch bei Hofe, bei ihrer Arbeitgeberin, in aller Grundsätzlichkeit dafür. Nach heftigen Kämpfen setzt sie sich schließlich durch und heiratet Ludwig Schorn; er bringt seine Kinder Otto und Marie mit in die Ehe. Um den Geboten der Etikette zumindest nachträglich Genüge zu tun, verleiht der regierende Großherzog Carl Friedrich, der Henriette gut leiden kann, ihrem Mann den Adelstitel. Jetzt gehört das fehlende »von« doch noch zum Namen, was die »Geheime Hofraethin« von Schorn allerdings weit weniger mit Stolz erfüllt als die tatsächlichen künstlerisch-wissenschaftlichen Leistungen ihres Mannes, nun fürs Leben belehrt über das sensible Verhältnis von Schein und Sein in der Adelsgesellschaft.

Ihre Erfahrungen und die daraus gewonnenen Standpunkte verarbeitet Henriette von Schorn in Liedern und Sprüchen, die sie meist nachts mit Bleistift in ein Notizbuch schreibt und die sie unter dem Pseudonym »H. Nordheim« 1854 auch veröffentlicht: *»Sprichst von Tugend aller Arten, / Und doch giebt's nur Eine: / Wahrheit, gegen sich und And're, / Weiter braucht man keine«*, heißt es unerschrocken an einer Stelle. Und mit kritischem Blick auf die herrschende Doppelmoral träumt sie in dem Gedicht »Der Anstand« von früheren Zeiten und menschlicheren Lebensformen: *»Da war der Anstand, wollt ich wetten / noch nicht so stark wie jetzt im Brauch.«* Über die ärgsten Angriffe und Krisen hat ihr mit Sicherheit ihre Glaubensfestigkeit hinweggeholfen und wohl auch ihr schier unverwüstlich heiterer Sinn: *»Ist's Tagwerk leicht, So nimm es froh, / Wenn's schwer Dir deucht, so nimm's nicht so.«*

Henriette von Schorn wird sich zeitlebens die für sie typische Wesensmischung aus Gottvertrauen, Herzensgüte und liebenswürdigem Eigensinn bewahren. In ihrer politischen Grundposition bezeichnet sie sich selbst als Demokratin. Die von ihrer Umgebung als humorvoll und tatkräftig beschriebene Hofdame füllt ihr Leben, in Fortführung der emanzipatorischen Traditionslinie einiger Hofdamen der Weimarer Klassik, neben Berufs-, Hausfrauen- und Mutterpflichten mit einer Reihe öffentlichkeitswirksamer Aktivitäten. Erstens: Sie schreibt, und das schon seit ihrer Jugendzeit, Gedichte für den Alltag und auch originelle volkstümliche Geschichten aus ihrer fränkischen Heimat. Zweitens: Sie führt einen eigenen Salon. Und drittens: Sie engagiert sich tatkräftig für sozial benachteiligte Menschen. Für die materiellen und seelischen Nöte, die Armut mit sich bringt, hat sie ein tiefes Empfinden. Das spie-

gelt sich zum Beispiel im folgenden kleinen Gedichtdialog: »*Dame: / Kind, geschwinde geh nach Haus, / Kämme Deine Haare aus. / Bettelkind: / Ach, die Mutter spricht, Madam, / Dazu brauch ich einen Kamm.*« Ironisch-doppeldeutig kommentiert sie die zweifelhafte Romantisierung des Armseins in der nachfolgenden Zeile desselben Gedichts: »*Glücklich, wenn die Pfütze schon / Raum gibt für den eig'nen Thron.*« Und umso eindeutiger dann ihre Sicht auf die Segnungen des Reichtums: »*Ihr meint, mit Eurem Gelde, / Da macht Ihr Alles schön: / ich habe, wo es fehlet, / Des Schönen mehr geseh'n.*« Noch schärfer bezieht Henriette von Schorn Stellung in dem Gedicht »Die strengen Frauen«, in dem es um den Umgang mit einem ›gefallenen‹ Mädchen geht und um die aufgesetzte Tugendhaftigkeit der so genannten besseren Kreise: »*Nun lasset sie aus Euren Blicken / Ihr strengen tugendhaften Frau'n! / Mit der Gefall'nen könnt ich weinen / Vor Euch erfasset mich ein Grau'n.*«

Ehemalige »Froriep'sche Häuser«, heute Stadtmuseum Weimar, 2007

Henriette von Schorns hart erkämpftes Liebesglück mit Ludwig von Schorn währt nur knappe acht Jahre; Anfang 1841 wird ihre gemeinsame Tochter Adelheid geboren. Bereits ein Jahr später, im Februar 1842, stirbt ihr Mann unerwartet an einem Brustleiden. Henriette, selbst häufiger krank, braucht eine mehrjährige Trauerzeit, um darüber hinwegzukommen. *»Nur die Liebe zu mir und meine, sich später doch zur Fröhlichkeit entwickelnde Natur und ihre eigne Thatkraft gaben ihr den Lebensmut wieder«*, schreibt ihre Tochter Adelheid in ihren Erinnerungen. Das Mutter-Tochter-Verhältnis muss ein sehr besonderes gewesen sein. Adelheid von Schorn beschreibt es so: *»Wenn jemals eine Mutter aus Liebe zu ihrem Kinde gelebt hat, so war es die Meine. Ich habe nie wieder ein so schönes, inniges Verhältniß gesehen, eine so ausschließliche, heiße Liebe zwischen Mutter und Tochter, wie sie zwischen uns herrschte.«* Ein besonderes, wenngleich ferneres verwandtschaftliches Band verbindet Henriette auch mit einer der großen alten Damen der Weimarer Klassik: Mit Charlotte von Kalb, von der Rahel Varnhagen gesagt hat, sie sei die geistreichste Frau des Jahrhunderts. Die inzwischen verarmte und fast blinde, aber geistig unvermindert aktive Charlotte von Kalb lebt seit rund vierzig Jahren in Berlin. Der einzige – von Charlotte selbst überlieferte – Brief an Henriette stammt vom 22. Januar 1840 – da ist sie bereits neunundsiebzig Jahre alt – und trägt die bewusst humorige Anschrift: *»Ihre Hochwohlgeborenen der Frau Henriette von Schorn-Stein in Weimar«*. Er ist ein beredtes Dokument für die vielfältigen freundschaftlichen Beziehungen, die in dieser Zeit zwischen den tonangebenden Literatinnen und Salondamen in Weimar und in Berlin bestehen.

Henriette von Schorn hat ihr großes Herz und ihre bescheidenen Räume sowohl für Familienangehörige offen gehalten als auch für besondere ›Geister‹ der Stadt und BesucherInnen von außerhalb. Ab 1845 wird sie für die nächsten 25 Jahre eine Mansardenwohnung im Südflügel der »Froriep'schen Häuser« in der Bürgerschulstraße 3, dem heutigen Stadtmuseum, bewohnen. Die Mansardenwohnung ist seit Mitte der 1840er-Jahre bevorzugter Treffpunkt der »Clique«, wie der Freundeskreis Henriette von Schorns ganz offiziell genannt wird. Die »Clique« besteht aus Angehörigen der tragenden Kreise im Weimarer Bildungsbürgertum. Zum näheren Umfeld gehören außerdem das Sängerehepaar von Milde, der Dichter und Komponist Peter Cornelius, der demokratische Poet Hoffmann von Fallersleben, die Weimarer Hofmalerin Louise Seidler und die aus Polen stammende Fürstin Carolyne zu Sayn-Wittgenstein sowie ihr Lebensgefährte Franz Liszt. Später wird ihre Tochter diese Kontakte liebevoll weiterpflegen und den Salon weiterführen. Sie wird, wie die Pariser Salonnièren, die Salonkultur zu ihrem Hauptberuf erklären und nicht heiraten, sich aber im mittleren Alter in aller Ruhe noch eine freie Liebesbeziehung zu dem Maler Paul Joukowsky gönnen. Doch zurück zur Mutter: Die Freundschaft zwischen Henriette von Schorn, Carolyne zu Sayn-Wittgenstein und Franz Liszt intensiviert sich noch, als der Weimarer Hof im Interesse der diplomatischen Beziehungen zu Russland offiziell die schützende Hand von der Fürstin abzieht und den Kontakt zu ihr abbricht, weil sie – seit ihrem 16. Lebensjahr mit einem russischen Adligen zwangsverheiratet – wegen ihrer »illegitimen« Verbindung zu Liszt von Maria Pawlownas Bruder, dem russischen Zaren, nunmehr offiziell geächtet worden ist. Henriette erhält für das Paar den Status einer ratgebenden Freundin und mütterlichen Beschützerin, der nach ihrem Tod an ihre Tochter Adelheid übergehen wird. Auch die Korrespondenz der Mutter wird von Adelheid fortgesetzt, als die Fürstin sich ab 1860 in Rom niederlässt.

Henriette von Schorn gehört zu den besonders zur Freundschaft begabten Salondamen und Briefschreiberinnen der Weimarer Nachklassik, darin vergleichbar mit ihrer berühmten Vorgängerin Luise von Göchhausen. Einer ihrer Freunde ist der Märchensammler und Dichter Ludwig Bechstein. Als Autorin »H. Nordheim« hat Henriette von Schorn zu Bechsteins Sammlungen einige Märchendichtungen beigetragen, die von ihm sensibel korrigiert, bearbeitet und, teilweise mit anderen Überschriften versehen, unter seinem Namen mitherausgegeben worden sind. Als Herausgeber bricht er dabei mit der zur Zeit der Weimarer Klassik noch üblichen Tradition männlicher Anmaßung, einen derartigen Umgang mit weiblicher Literaturproduktion für selbstverständlich zu halten. »*Verehrteste Freundin*«, so schreibt Bechstein am 28. August 1851 an Frau von Schorn, »*(...) das Sinnige und Tiefe in Ihrer Dichtung*

Adelheid von Schorn mit Paul Jankowsky in ihrem Salon,
Belvederer Allee 2, undatiert

zieht mich sehr an, ich werde es mit Freude bearbeiten, aber darf und kann ich mich denn mit fremden Federn schmücken, mit Ihrem Pfunde wuchern?« Am 9. Januar 1852 teilt Ludwig Bechstein Henriette von Schorn mit, dass eines ihrer von ihm bearbeiteten Märchen im 2. Heft der Münchner Hauschronik veröffentlicht worden sei, und am 24. Dezember 1853 schreibt er an sie: »*Als mir vor einigen Wochen auf dem Buchhändlerwege das Büchlein: ›Lieder und Sprüche von H. Nordheim‹ zuging, hatte ich keine Ahnung davon, wem ich diese liebliche Gabe danke, (...). Es ist viel liebes schönes und inniges in der Sammlung, und ich hätte den Wunsch, die Dichterin möchte sich offen genannt haben; denn das eigene Antlitz ist anziehender als die Maske eines unbekannten Herrn (...)«* In der neuen Auflage seines »Deutschen Dichterbuches« möchte Bechstein Henriette von Schorn als Autorin nennen. Zu seinem Leidwesen lehnt sie ab. Adelheid kommentiert: »*Bechstein konnte das ihm so liebe Gedicht meiner Mutter nicht abdrucken, weil sie ihre Anonymität nicht aufgeben wollte. Damals traten Frauen noch nicht so leicht vor die Oeffentlichkeit, wie heutzutage.«* Henriette von Schorns Sammlung »Geschichten aus Franken« wird nach ihrem Tod im Jahr 1902 in einer zweibändigen Ausgabe unter Nennung des Autorinnennamens von ihrer Tochter herausgegeben. Schon 1854 ist ein Teil der Geschichten in dem Bändchen »Ländliche Skizzen aus Franken« von »H. Nordheim« in Weimar veröffentlicht worden. Dieses Werk wurde wahrscheinlich beim Brand der Anna Amalia Bibliothek 2004 zerstört. An diesen dörflichen Liebes- und Mordgeschichten aus dem Grabfeld, der Landschaft bei Meiningen zwischen der Rhön und dem Thüringer Wald, beeindrucken die Fülle, Individualität und unverkitschte Urwüchsigkeit der Charaktere und die natürlich-lockere Handhabung der fränkischen Mundart.

Im Sommer 1856 unternimmt Henriette von Schorn gemeinsam mit Adelheid eine größere Reise durch Deutschland, unter anderem zu dem ebenfalls aus Franken stammenden Dichter Friedrich Rückert. Dieser äußert sich begeistert zu den »Ländlichen Skizzen«, insbesondere zu deren sprachlicher Qualität. Im Winter 1856/57 erkrankt Henriette so schwer an der Gicht, dass an weiteres Reisen vorerst nicht mehr zu denken ist. Stattdessen besuchen Mutter und Tochter in Weimar das erste und einzige Mal eine Gesellschaft auf der Altenburg. Im Mai 1857 erkrankt Henriette von Schorn an einer Herzentzündung; sie schwebt monatelang in Lebensgefahr und wird von Adelheid hingebungsvoll gepflegt. Für die ihr noch verbleibenden zwölf Lebensjahre trägt sie einen schweren Herzfehler davon, der sie aus dem Krankenstand niemals wieder richtig entlässt. Dennoch nimmt sie weiter regen Anteil an den fortschrittlichen kulturellen Entwicklungen, wie zum Beispiel an der Gründung der Weimarer Malerschule im Jahr 1860. Sie befreundet sich mit dem linksliberalen Schriftsteller Gutzkow, der sich 1859 in Weimar niederlässt. Schon in Gutzkows *Gartenlaube* von 1857 und auch in seinen *Unterhaltungen am häuslichen Herd* erscheint mehrfach der Autorenname »H. Nordheim«. Noch häufiger findet er sich in der Leipziger *Allgemeinen Modezeitung* der 1860er-Jahre und im *Weimarer Sonntagsblatt*. Ungeschminkt kritisch kommentiert Henriette von Schorn den für Weimar so unrühmlichen Abgang Franz Liszts in mehreren Briefen an die Fürstin zu Sayn-Wittgenstein. So heißt es im Brief vom 21. Januar 1862: »*Was Weimar betrifft, so kann ich nur sagen, (…) daß die Dummen jetzt hier die erste Violine spielen. Man kann sich kaum mehr darüber ärgern. Außer der Dummheit regiert die malicé – davor muß man sich schützen, es wenigstens versuchen.*« Und am 21. November 1862 schreibt sie: »*In Weimar bleibt alles am selben Platz. Es dreht sich – wie ein kleiner Planet – um sich selbst. Es sind viele große Männer hier – von denen sich jeder selbst Planet fühlt. (…) Am Theater regiert die Intrigue.*«

Auch in den kommenden Jahren ist Liszt immer wieder bei seiner mütterlichen Freundin zu Gast. Und als Henriette schon so krank ist, dass sie nur noch liegen kann, kommt er fast täglich. Dann setzt er sich meist an den Flügel und spielt, um ihr eine Freude zu machen. Im Mai 1869 erleidet Henriette von Schorn einen Schlaganfall und stirbt binnen weniger Tage. Die freundschaftliche Zuwendung Liszts hilft ihrer Tochter Adelheid, den Schmerz über den Verlust der geliebten Mutter zu ertragen. Nicht zuletzt sich selbst zum Trost setzt sie ihrer Mutter ein für alle Mal ein Denkmal, indem sie deren reiche Sammlung an Geschichten und Dokumenten über Weimars »Silberne Zeit« zur Grundlage ihrer zweibändigen Chronik »Das nachklassische Weimar«

macht. Der Schriftstellerin und Salondame Adelheid ist ein längeres Leben beschert als ihrer Mutter. Sie stirbt 1916, im Alter von fünfundsiebzig Jahren. Das Grab der von Schorns befindet sich auf dem Historischen Friedhof in Weimar.

H. Nordheim, »Lieder und Sprüche«, Weimar 1854 * H. Nordheim, »Ländliche Skizzen aus Franken«, Weimar 1854 * Adelheid von Schorn, »Zwei Menschenalter«, Berlin 1901 * Ludwig Bechstein, »Sämtliche Märchen«, Stuttgart 1974

JENNY LIND

1820 – 1887

»Durch Jenny Lind habe ich zuerst die Heiligkeit
der Kunst verstanden, durch sie habe ich gelernt,
daß man sich im Dienste des Höheren selbst vergessen muß!
Kein Buch, keine Person hat, für eine Zeit,
besser und mehr veredelnd auf mich
als Dichter eingewirkt als Jenny Lind.«

HANS CHRISTIAN ANDERSEN in »Märchen meines Lebens«

⁂

Jenny Lind, Gemälde von Eduard Magnus, 1846

Die in Schweden geborene Sopranistin Jenny Lind gilt als »*die phänomenalste Sängerin des 19. Jahrhunderts, bezaubernd durch den sympathischen, elegischen Klang ihrer herrlichen Sopranstimme, angestaunt ob ihrer Koloratur, ihres tadellosen Trillers, ihres Stakkato, ihrer unglaublichen Sprünge, bewundernswürdig wegen ihres Ausdrucks und geschmackvollen Vortrags*«. (Hugo Riemann, Musikwissenschaftler). Sie gastierte auch in Weimar und hinterließ dort sowohl als unbestrittene Meisterin ihres Fachs als auch als Persönlichkeit einen überwältigend positiven Eindruck mit nachhaltiger Wirkung auf die MusikerInnengeneration der Weimarer Liszt-Ära.

Die wichtigsten Stationen in Jenny Linds Künstlerinnenbiografie seien hier kurz wiedergegeben: Nach einer harten, freudlosen Kindheit und Jugend absolvierte Jenny Lind zunächst ein Gesangsstudium an der Stockholmer Opernschule und wurde mit ihrem Debüt als Agathe in Webers »Freischütz« am Stockholmer Hoftheater im Jahr 1838 schlagartig bekannt. Drei Jahre lang trat sie nun, bewundert und umjubelt, am Stockholmer Hoftheater auf. Die Ersparnisse aus eigener Lehrtätigkeit ermöglichten ihr schließlich, im Jahr 1841 unter dem Schutz einer schwedischen Familie nach Paris zu gehen, um dort – in größter Zurückgezogenheit und »*mit einem Fleiß, einer Energie und Ausdauer (...), welche wohl ebenso selten und bewundernswürdig waren als ihre künstlerische Begabung*« (Eduard Genast) – ein halbes Jahr lang den Unterricht des weltberühmten Gesangspädagogen Manuel Garcia zu besuchen und intensiv dessen Methode zu studieren. Ab 1844 setzte sie ihre Laufbahn auf internationalen Bühnen fort. In Berlin lernte sie Deutsch, und hier begann auch ihr eigentlicher märchenhafter Aufstieg als »schwedische Nachtigall«, der sie in fast alle Hauptstädte Europas führte. Einzig in Paris sang sie nie, da sie an der dortigen Oper nicht engagiert worden war. Ihre größten Triumphe feierte sie in England. Ihre beliebtesten Rollen waren: Norma in der gleichnamigen Oper von Bellini, Amina in der »Nachtwandlerin« und die Regimentstochter in der gleichnamigen Oper von Donizetti. 1849, im Alter von neunundzwanzig Jahren, zog sie sich vom Opernfach zurück und wandte sich ausschließlich dem Konzert- und Oratoriengesang zu. Eine Tournee durch Amerika (1850–1852) brachte ihr eine Summe von 770 000 Franken ein, von der sie 500 000 Franken für wohltätige Zwecke nach Schweden spendete. Im Jahr 1852 heiratete sie den Pianisten Otto Goldschmidt (1829–1907). Der in Hamburg geborene Goldschmidt stammte aus einer weitverzweigten jüdischen Musikerfamilie und war Schüler von Chopin und Mendelssohn. Jenny Lind lebte mit ihm zunächst einige Jahre in Dresden und danach in London. Dort beteiligte sie sich an der Leitung des von ihm geleiteten Bachchors. Im Jahr 1870, fünfzigjährig, hatte Jenny Lind ihren letzten öffentlichen Auftritt, und zwar auf dem Rheinischen Musikfest zu Düsseldorf, in der Titelrolle des von Goldschmidt komponierten Oratoriums »Ruth«. Schon seit 1856 hatte Jenny Lind ihren Hauptwohnsitz in England, wo sie schließlich im Jahr 1887 auch starb.

Die Glanzzeit der Karriere Jenny Linds zwischen 1844 und 1849 korrespondiert mit den Anfängen von Franz Liszts großer Weimarer Zeit ab 1841. Doch ist Jenny Lind nicht durch Liszt nach Weimar gekommen, sondern durch Johann Nepomuk Hummel, der in seiner überaus erfolgreichen Hofkapellmeistertätigkeit (1819–1837) die Weimarer Bühne zu einem Anziehungspunkt für die europäische Theater- und Musikszene gemacht hat. Auch Wilhelmine Schröder-Devrient (1804–1860), die eine halbe Generation vor Jenny Lind als dramatische Sopranistin zu den erfolgreichsten Opernsängerinnen in Europa gehörte, trat 1830, 1840, 1842 und 1843, triumphal gefeiert, am Hoftheater auf. Dass nun auch Jenny Lind nach Weimar kommt, ist vor allem dem Vermittlungsgeschick und den Beziehungen des großen Weimarer Hofschauspielers und Sängers Eduard Genast (1797–1867) zu verdanken, der zwischen 1833 und 1851 am Weimarer Theater als Opernregisseur tätig ist und auch schon die Auftritte der mit ihm befreundeten Wilhelmine Schröder-Devrient vermittelt hat. Nach mehreren vergeblichen brieflichen Bemühungen reist Genast Ende 1845 nach Berlin, um Jenny Lind im persönlichen Gespräch für einen Auftritt zu gewinnen. Mit Unterstützung durch die mit beiden bekannte Schauspielerin, Dramatikerin und Intendantin Charlotte

Birch-Pfeiffer (1800–1868) kommt es tatsächlich zu dem gewünschten Engagement. In seinen Erinnerungen schildert Eduard Genast seine erste Begegnung mit der Sängerin, als er diese verabredungsgemäß Anfang Januar 1846 mit der Kutsche aus Berlin abholt: »*Am 21. Morgens sieben Uhr hielt ich meinen Wagen vor der Wohnung der ›schwedischen Nachtigall‹ und brauchte keine Minute lang zu warten; die strenge Pünktlichkeit gehörte unter die vielen seltenen und trefflichen Eigenschaften, welche Jenny Lind schmückten. Daneben lernte ich auf der Reise (…) die einfache Natürlichkeit und den reinen edlen Sinn der hochgefeierten Sängerin kennen. Als Reiselektüre hatte sie Goethes ›Geschwister‹ bei sich und erbat sich von mir die Erklärung einiger Stellen. Das gab mir Gelegenheit, ihr mancherlei von dem mitzuteilen, was ich wußte. Sie nahm daran das lebhafteste Interesse und erzählte mir darauf mit prunkloser Bescheidenheit von ihrem eigenen Leben und Bildungsgange.*«

Die Weimarer Chronistin Adelheid von Schorn beschreibt im ersten Band ihres Werks »Das nachklassische Weimar« die Weimarer Debüts und Erfolge bedeutender junger Künstlerinnen Mitte der 1840er-Jahre, so auch die Auftritte von Jenny Lind im Januar 1846: »*Bald darauf*

Hoftheater Weimar, Lithografie von unbekannt, um 1835

Garten des Kirms-Krackow-Hauses, 2007

erschien die ›schwedische Nachtigall‹ Frau Jenny Lind in Weimar. Sie sang Ende Januar in Norma die Titelrolle, und Amina in der ›Nachtwandlerin‹. Sie war damals wohl die vortrefflichste Sängerin, sie übertraf auch die Schröder-Devrient, denn ihre Stimme war herrlich, ihre Technik vollendet; ihr Spiel vielleicht nicht so großartig, aber einheitlich und durchdacht, ihre Erscheinung höchst anmutig und weiblich. Mit den schwedischen Volksliedern, die sie in einem Konzert und bei den Genasts vortrug, errang sie aller Herzen. In dieser Gesellschaft war auch der Dichter Andersen zugegen und las einige seiner Märchen vor.« Jenny Lind steht nicht nur mehrmals auf der Bühne des Weimarer Hoftheaters, sondern ist auch in dem seit 1844 bestehenden »Ettersburger Kreis« zu Gast, einem von der Erbgroßherzogin Sophie und dem Erbgroßherzog Carl Alexander initiierten Kunst- und Literatursalon auf dem nahe Weimar gelegenen Ettersburger Schloss. Beide, Carl Alexander und Sophie, sind große ›Fans‹ von Jenny Lind. Einer der ersten und treuesten auswärtigen Gäste ihres Kreises kommt gleichfalls aus dem skandinavischen Kulturkreis, der schon erwähnte Hans Christian Andersen.

Jenny Lind ist seit einigen Jahren mit Andersen befreundet, kennt und schätzt seine Werke. Der dänische Dichter hat sich im September 1943, als sie in Kopenhagen auftrat, heftig in sie verliebt und bekundet ihr seither auf alle erdenkliche Weise seine Verehrung. Jenny Lind kennt und mag seine Werke. Sie hat eine ähnlich leidenschaftliche Beziehung zum Volkslied und zum Volksmärchen wie er, ihre Leidenschaft für den lebenden Dichter hält sich jedoch in Grenzen. Die Begegnung mit der Sängerin und das daraus erwachsene Liebesunglück inspirierten Andersen zu vier seiner »Neuen Märchen«, die auch für Erwachsene gedacht sind, darunter »Das häßliche Entein« und »Die Nachtigall«. In der Geschichte von der chinesischen Nachtigall geht es um den Gegensatz zwischen der Oberflächlichkeit des Künstlichen und der lebendigen Reinheit der Natur. Sie stellt eine Hommage an die liebenswerte Persönlichkeit und das große Naturtalent Jenny Linds dar, so wie diese in ganz Europa geschätzt und verehrt wurde. Als der Enterich die Nachtigall 1845 in Kopenhagen wiedersieht, muss er ertragen, dass sie ihn auf einem Fest offiziell nur ihren Bruder nennt. Das ist für ihn sehr schmerzlich: »*Ich spürte, wohl, daß ich sie nicht liebte, wie man muß«*, vertraut er seinem Tagebuch an. Im Januar 1846 werden beide in Weimar als künstlerisches »Traumpaar aus dem Norden« gefeiert, doch geht es auch hier zwischen ihnen nur geschwisterlich zu, und Andersen hat sich anderweitig zart verliebt – in den jungen Carl Alexander: *»Ich habe den jungen Herzog recht lieb, der ist der erste von allen Prinzen, der mich recht angesprochen hat, wo ich wünschte, daß er kein Prinz wäre, oder, daß ich einer wäre«*, notiert er nach den ersten Weimarer Begegnungen in seinem Tagebuch. Wie die Jenaer Literaturwissenschaftlerin Angelika Pöthe den Tagebüchern Andersens weiterhin entnommen hat, muss Jenny Lind im intimen Gespräch der eng miteinander befreundeten Männer eine Sonderrolle als weibliches »Medium für die Gefühle beider« gespielt haben, wohl als eine Art überzeitliches Symbol der Jugend, Schönheit und künstlerischen Vollkommenheit, das Raum gewährt für die erotischen Schwingungen zwischen einem jungen »schönen Prinzen« und einem älteren »hässlichen Dichter«. Als Carl Alexander, der die Neigung durchaus erwidert, den Dänen auf Dauer nach Weimar holen möchte, lehnt dieser ab. Er weiß wohl, dass »diese große Liebe nicht von Dauer sein« wird. Beide Beziehungen, die zu Jenny Lind und die zu Carl Alexander, bestehen nach mehrjähriger Unterbrechung als Brieffreundschaft bis zu Andersens Tod.

Zwischen den großen Künstlerinnen und Künstlern auf der Musiktheaterbühne des nachklassischen Weimar bestehen einige interessante, auf den ersten Blick nicht sichtbare Verbindungslinien. So ist Jenny Linds großer Pariser Lehrer Manuel Garcia der Bruder der weltberühmten Sängerin, Komponistin und Gesangslehrerin Pauline Viardot-Garcia, die in den 1850er-Jahren selbst häufig in Weimar gastiert. Bei Manuel Garcia nimmt außerdem im Sommer 1850 – diesmal ist es in London – der später so hochverdiente Weimarer Wagner-Sänger Feodor von Milde Unterricht, inzwischen verehelicht mit der später ebenso bedeutenden Wagner-Sängerin Rosa Agthe; und deren großes Vorbild wiederum war schon während ihrer Weimarer Studienzeit: Jenny Lind. Rosa Agthes Tochter Natalie von Milde berichtet: *»Die technische, stimmliche und seelische Reinheit der großen Künstlerin auch zu erreichen, dahin zielte*

Jenny Lind in Donizettis »Regimentstochter«, Lithografie, undatiert

das Streben der Weimarer Novize.« Pauline Viardot-Garcia wiederum gibt nicht nur Gastspiele am Weimarer Musiktheater, sondern ist ebenso auch im Liszt-Kreis auf der Altenburg und als Besucherin musikalisch-literarischer Gesellschaften anzutreffen, so zum Beispiel bei den Familien von Schorn, von Milde und Genast. In der nächsten Generation wird dann Emilie Merian-Genast, die Tochter von Eduard Genast, erfolgreich als Sängerin auf der Weimarer Musiktheater-Bühne stehen und auch in ihren eigenen Salon einladen. Dazu wird sie sich wie viele Künstlerinnen im 19. Jahrhundert sozial engagieren. Und in den Arbeitsräumen des Gewerbe-Vereins für mittellose Frauen und Mädchen, zu deren Gründerinnen sie gehört, werden eines Tages die Webstühle stehen, die Helene Börner dann als Werkmeisterin in die Webereiklasse des Bauhauses einbringt ...

Das Zusammentreffen der genannten kulturellen Verbindungslinien besagt: Weimar war in jenen Jahren in Bewegung, hatte, bei allem Ränkespiel und provinziellem Postengerangel, Anteil am großen künstlerischen Aufbruch in Europa, ja, setzte dafür vorwärtsweisende Akzente. Bühnenarbeit und Salongeselligkeit spiegeln einen bemerkenswert kosmopolitischen Geist im Überschreiten der Grenzen zwischen Nationen, Sprachen, Ständen, Geschlechtern, Kunstgenres und auch der Grenzen fachspezifischen Konkurrierens. Es wurde von- und miteinander gelernt, gearbeitet, gefeiert, es wurde Kunst gemacht, vermittelt und selbst genossen. Ein beliebter Ort künstlerischer Begegnung war damals das Weimarer Kirms-Krackow-Haus. Seine musealen Räume laden Besucherinnen und Besucher heute dazu ein, Geschichte und Geselligkeitskultur eines Weimarer Bürgerhauses bis zum 19. Jahrhundert nachzuvollziehen. An einer Wand im Musikzimmer hing lange Zeit ein Bild der prominenten Besucherin Jenny Lind. Auch Andersen war mehrfach im Kirms-Krackow-Haus zu Gast, eingeladen von Herrn von Beaulieu, einem Bewohner des Hauses. Charlotte Krackow, die Nichte der ersten Gastgeberin Caroline Kirms, selbst später Salondame des Hauses, berichtet in ihren Erinnerungen über Jenny Linds erste Auftritte in Weimar: *»So wie die große Göttinger Studentenschaft einige Tage nur für Jenny Lind lebte, so erging es Weimar, als sie hierher kam ... Zuerst* *sang sie in einem Hofconzert, (…) ich erinnere mich daß sie die sogenannte Briefarie der Donna Anna aus Don Juan sang, in einer der wunderbaren Figuren machte sie auf dem hohen B. einen an- u. abschwellenden Triller, der den Eindruck von unendlicher Trauer machte. Dann sang sie die Nachtwandlerin mit einem entzückenden Spiel und bei der Frage des Notars was schenkst du ihm? In der Antwort: nur meine Liebe, einen wunderbaren Ausdruck von Stolz und Demuth. Die 2te Oper war Norma. Ihre Erscheinung war die einer antiken Statue u. so auch ihr Spiel, dabei wieder die wunderbare Kunst der aufs reinste ausgebildeten Stimme in den schwierigsten Passagen, das konnten Künstler bewundern, aber der seelenvolle Vortrag mit der schönen Aussprache machte einen unvergeßenen Eindruck auf die sprödesten Gemüter, alte Herrn die der Neugierde wegen hereingegangen waren haben eingestanden daß sie unvermuthet Thränen in den Augen hatten. Nun sang sie noch in einem schnell improvisierten Conzert öffentlich, sie wählte eine Rossini'sche Arie mit den schwierigsten Colloraturen, aber da sie keine Noten mithatte schrieb sie auf einen kleinen Zettel aus dem Gedächtniß die Worte in Gegenwart von Hr. Beaulieu, den sie bat zu sehn ob auch alles correkt wäre mit ›den, u. dem‹, mit diesem Zettel in der Hand trat sie vor das Publikum (…). In diesem Conzert sang sie die Agathe-Arie u. das berühmt gewordene Echo-Lied mit dem lang ausgehaltenen Ton der Einem den Atem stocken machte. Sie hatte eine schöne, große Gestalt, das Gesicht machte den größten Effekt durch schöne blaue Augen, die unendlich viel sagen konnten, ihr Spiel war immer bedeutend ohne alltägliche Effecte (…)«*

Eduard Genast, »Aus Weimars klassischer und nachklassischer Zeit«, Stuttgart, 3. Aufl., o. J. * Adelheid von Schorn, »Das nachklassische Weimar«, Erster Teil, Weimar 1911 * Artikel über Jenny Lind in: »Lexikon der Frau«, hg. von Encyclicos Verlag, Zürich 1954 * Angelika Pöthe, »Carl Alexander, Mäzen in Weimars ›Silberner Zeit‹«, Köln/Weimar/Wien 1998 * »Das Kirms-Krackow-Haus in Weimar«, hg. von der Stiftung Weimarer Klassik, München/Wien 1999 * Gisela Perlet, »Hans Christian Andersen. Leben, Werk, Wirkung«, Frankfurt am Main 2005

NATALIE VON MILDE

1850–1906

»In einer Rezension der Rundschau stand neulich (…), dass die schriftstellernden Frauen keines Wachstums fähig sind, dass sie auf der ersten Stufe stehen bleiben; trotzdem will ich hoffen zu wachsen. Selbst ist der Mann! und neuerdings auch die Frau. Es ist doch eine herrliche Zeit, in der man lebt; es kommt mir immer vor, als ob jeder Stein Leben sprühe, wenn man's nur unternimmt, daran zu schlagen. Und wunderbar genug! Mit diesem beglückenden Gefühl stehe ich fast allein, denn wir sind in diesem Punkt in Weimar sehr zurück. Desto mehr Arbeit ist nötig.«

NATALIE VON MILDE in einem Brief an Wilhelm Hemsen, 15. Mai 1880

Natalie von Milde, Druck nach Foto des Hofateliers Elvira aus *Die Frau*, hg. von Helene Lange, 1906

Natalie von Milde gehört zu den ganz und gar vergessenen Persönlichkeiten der Weimarer Geschichte, und doch gebührt ihr besondere Aufmerksamkeit: Ihr ist wesentlich der Brückenschlag zu verdanken von der Tradition der von oben gelenkten sozialen Frauenförderung durch die Weimarer Regentinnen seit der Zeit der Klassik zur Entwicklung der demokratisch-emanzipatorischen Frauenförderung auf Betreiben der ersten deutschen Frauenbewegung seit der 1848er-Revolution. Ihr Wirken galt der gleichberechtigten Frauenbildung. So wurde im Jahr 1902 infolge Natalie von Mildes langjähriger Bemühungen mit Unterstützung der regierenden Erbgroßherzogin Pauline (1852–1904) in den Räumen des heutigen Stadtmuseums, damals Bürgerschulstraße 3, das »Lesezimmer für Frauen« eingerichtet; ein Großteil der Bücher und Grafiken stammte aus Natalie von Mildes Privatbesitz. In der Zeit von 15 bis 22 Uhr stand dort eine umfangreiche Bibliothek zur Verfügung, die auch mehr als einhundert Zeitungen führte; eine Tageskarte kostete zehn Pfennige, eine Jahreskarte vier Mark. Zwischen 1888 und 1904 hat Natalie von Milde unter eigenem Namen und zum Teil im Selbstverlag neun größere Schriften herausgegeben, in denen sie zu aktuellen Themen der Frauenemanzipation Stellung nimmt. Darunter findet sich auch ihr 1904 veröffentlichtes, knapp einhundert Seiten umfassendes Werk »Maria Pawlowna, Gedenkblatt zum 9. November 1804«, das sich durch besonders detaillierte Angaben über das von Maria Pawlowna in Weimar gegründete »Patriotische Institut der Frauenvereine« auszeichnet. Seit Mitte/Ende der 1880er-Jahre hielt Natalie von Milde Vorträge zu aktuellen Frauenthemen. Sie war damit allerdings weniger in der Weimarer Öffentlichkeit erfolgreich als auf einer Reihe internationaler Frauenkongresse, so im Jahr 1899 vor Londoner Publikum mit dem Thema: »Die deutsche Frau in der Literatur«.

Im Jahr 1900 wurde Natalie von Milde zur ersten Vorsitzenden der im selben Jahr von ihr gegründeten Weimarer Abteilung des Vereins »Frauenbildung–Frauenstudien« gewählt, der 1897 als überregionale

Organisation aus dem »Deutschen Frauenverein Reform« entstanden war; dieses Amt behielt sie bis zu ihrem Tode. Der »Deutsche Frauenverein Reform« war im Jahr 1888 von der aus Harburg bei Hamburg stammenden Pädagogin Hedwig Kettler (1851–1937) in Weimar gegründet worden und galt nach damaligen Maßstäben innerhalb der bürgerlichen Frauenbewegung als radikal, da sich seine Vertreterinnen sowohl für eine identische gymnasiale Ausbildung für Mädchen und Jungen einsetzten als auch für die gleichberechtigte Zulassung zum Abitur, zum Studium und zur Ausübung wissenschaftlicher Berufe. Zwar will auf Natalie von Milde die Bezeichnung »radikal« nicht recht passen, wir kommen noch darauf zurück, doch entsprachen die wesentlichen Zielsetzungen der Reformfrauen den ihren, wie die in Paragraph 1 der Vereinssatzung verankerte Forderung, *»daß die Frau gleich dem Manne zum Studium aller Wissenschaften Zutritt haben soll, nicht aber auf vereinzelte derselben beschränkt werden darf«*. Natalie von Milde stellte zwei Hauptforderungen: Gleiche Bildungsfreiheit und gleiches Recht für Mann und Weib.

Die entsprechenden Ideen zu ihrer Gründung des ersten gleichwertigen deutschen Mädchengymnasiums in Karlsruhe im Jahr 1893 soll Hedwig Kettler denn auch gemeinsam mit Natalie von Milde auf mehreren Arbeitssitzungen in Weimar ausgeheckt haben. In Weimar hatte Erbgroßherzogin Sophie immerhin schon 1854 eine höhere Lehranstalt für Mädchen, das Sophienstift, gegründet, doch dieses bot noch keinen gleichwertigen Unterricht. Hedwig Kettler, die unter dem Pseudonym »Gotthardt Kurland« literarisch tätig war, hatte in den 1880er-Jahren zur Verbreitung ihrer Anliegen Petitionen organisiert, Werbevorträge gehalten und unter anderem die Zeitschriften *Frauenberuf, Monatsschrift für die Interessen der Frauenfrage* (1881) und *Bibliothek zur Frauenfrage* (1887) herausgegeben. Doch der gemäßigtere Flügel der bürgerlichen Frauenbewegung, unter anderem organisiert im »Allgemeinen Deutschen Frauenverein« (ADF) in jener Zeit, agierte letztlich erfolgreicher als sie. Seine bekannteste Vertreterin, Helene Lange (1848–1930), markierte mit ihrer als »Gelbe Broschüre« bekannt gewordenen Petition (1887), ihrer Mitbegründung des »Allgemeinen Deutschen Lehrerinnenvereins« (ADLV, 1890), ihrer Umwandlung von Realschul- in Gymnasialkurse für Absolventinnen der höheren Töchterschulen in Berlin und als Herausgeberin der Zeitschrift *Die Frau* (1893) die entscheidenden Entwicklungsschritte der bürgerlichen Frauenbewegung. Ihre größere Akzeptanz beruhte wohl darauf, dass sie mit viel Geschick traditionelle Organisationsformen und Inhalte in ihre Reformen zu integrieren wusste wie zum Beispiel den zentralen Wert der Mütterlichkeit. Ihr politisch-philosophisches Konzept von der »organisierten Mütterlichkeit« als humanistischem Baustein einer demokratischen Gesellschaft, das sie als Vorstandsfrau des »Bundes Deutscher Frauenvereine« (BDF, gegründet 1896) in dessen Programm verankerte, trifft wiederum eine Grundanschauung Natalie von Mildes. Es ging, wie Ute Gerhard in ihrer Geschichte der deutschen Frauenbewegung darstellt, »nicht etwa nur um die biologische Mütterlichkeit, sondern (um) gleichberechtigte Beteiligung und weiblichen Einfluss in allen Lebensbereichen«. Vor diesem Hintergrund müssen denn auch entsprechende Äußerungen Natalie von Mildes gelesen werden, zum Beispiel in ihrer 1904 erschienenen Schrift »Goethe und Schiller und die Frauenfrage«: »*Frauenfrage ist in erster Linie Mutterfrage. Die kinderlosen Frauen werden zur Mithilfe an der allgemeinen Menscherziehung verpflichtet, und die Mütter werden dahingehend belehrt, daß sich ihre Fürsorge durchaus nicht auf ihre leiblichen Kinder beschränkt, sondern daß sie auch die Außenstehenden in Betracht zu ziehen hat (...)*« und: »*Die Doppelaufgabe, das eigene und das fremde Kind zu schützen, ist nicht zu trennen.*«

Helene Lange und Natalie von Milde standen in freundschaftlicher Beziehung zueinander und galten beide als begabte Pädagoginnen. Sie lebten ganz gemäß ihrer Theorie, indem sie nicht primär im Familienleben aufgingen, sondern in ihrer Lehrtätigkeit und ihrem öffentlichen Engagement. In der politischen Arbeit schätzte Helene Lange Natalie von Mildes, wie sie dies in ihrem Nachruf 1906 ausdrückt, »*vornehme geistige Kultur*«, ihren »*feinen Idealismus (...), abseits von den Parteien und der demonstrativen Machtentfaltung*«. Sie zeigte sich beeindruckt von Natalie von Mildes an der literarischen Tradition der Weimarer Klassik geschulter Redekunst. Wer nun aber war Natalie von Milde, woher können wir heute Anschauungen über ihr Leben und ihre Persönlichkeit gewinnen?

Natalie von Milde ist nicht die leibliche Tochter der Sängerin Rosa von Milde, sondern wurde vom Ehepaar von Milde adoptiert. Bis heute existiert die ebenso reizvolle wie abenteuerliche These, sie sei eine uneheliche Tochter von Franz Liszt und der Musikerkollege Feodor von Milde hätte das Ergebnis eines mehr oder minder genialen musischen ›Saitensprungs‹ still und solidarisch bei sich aufgenommen. Doch dafür fehlt jeglicher Beweis. In historischen Dokumenten finden sich wenige Hinweise auf Existenz, Herkunft und Bedeutung der Weimarer Frauenrechtlerin, so bei dem mit der Familie von Milde eng befreundeten Dichter und Komponisten Peter Cornelius – er verfasste ein Gedicht für die Achtjährige mit dem Widmungsdatum 3. Januar 1859 – und bei der Chronistin Adelheid von Schorn, in deren historischer Darstellung »Das nachklassische Weimar«. Hier wird Natalie als Tochter des berühmten Sängerehepaars Rosa und Feodor von Milde genannt und auch als Autorin der Studie zu Maria Pawlowna erwähnt. Natalie von Milde selbst gab im Jahr 1901 einen Band mit »Briefen in Poesie und Prosa« von Cornelius an das berühmte Künstlerehepaar heraus. Sie leitet ihr Werk mit drei biografischen Skizzen ein, in denen sie selbst stets nur als Tochter der Mildes vorkommt.

Genauere Hinweise finden sich im Nachlass. Amtlichen Unterlagen aus München ist zu entnehmen, dass Natalie von Milde am 31. März 1850 als Natalie Johanna von Haller in München zur Welt kam und sehr wahrscheinlich die nichteheliche Tochter einer in Königsberg lebenden Frau Geheimrat Jakobsohn war. Vom Vater ist nirgends die Rede. Erst seit Ende der 1850er-Jahre lebte Natalie im Haushalt der von Mildes in Weimar und wuchs dort, gemeinsam mit deren beiden Söhnen Franz und Rudolph, auf. Unklar bleibt, ob Natalie überhaupt selbst genau um ihre Herkunft gewusst hat. Im Jahr 2005 ist mir (der Autorin U.M.) das unveröffentlichte Manuskript einer biografischen Studie und Materialsammlung zu Natalie von Milde zugänglich gemacht worden. Es stammt von ihrer Freundin Marie von Bülow und enthält gleich zu Beginn folgende aufschlussreiche Passage: »*Noch war die junge Mutter* (Rosa von Milde) *nicht völlig erholt* (von der Geburt des Sohnes Franz im März 1855, Anm. d. Autorin), *als der Gatte* (Feodor von Milde) *ihr*

Gedenkblatt zum Internationalen Frauenkongress Berlin 1904.

No. 46a * Jahrgang 1904 — Donnerstag, 9. Juni

DER WELT SPIEGEL

Illustrierte Halbwochen-Chronik des Berliner Tageblatts

1—6 Frauenweltbund.

7—12 Sektion I „Frauenbildung".

13—24 Sektion II „Frauenerwerb und Frauenberufe".

1 Helene Lange, Berlin.
2 Lady Aberdeen, England.
3 Rev. Anna Shaw, Amerika.
4 Susan B. Anthony, Amerika.
5 Bertha v. Suttner, Oesterreich.
6 Isabelle Bogelot, Frankreich.
7 Henriette Goldschmidt, Leipzig.
8 Gertrud Bäumer, Berlin.
9 Helene v. Forster, Nürnberg.
10 Emmeline B. Wells, Amerika.
11 Dr. Helene Stöcker, Berlin.
12 Dr. Käthe Windscheid, Leipzig.
13 Alice Salomon, Berlin.
14 Anna Pappritz, Berlin.
15 Dr. Käthe Schirmacher, Paris.
16 Natalie v. Milde, Weimar.
17 Eliza Ichenhäuser, Berlin.
18 Elsbeth Krukenberg, Kreuznach.
19 Lydia Commander, Amerika.
20 Dr. Ella Mensch, Berlin.
21 Margarete Friedenthal, Berlin.
22 Hedwig Heyl, Berlin.
23 Dr. Franziska Tiburtius, Berlin.
24 Dr. Ellen Sandelin, Schweden.

Der Weltspiegel, 1904, 2. Reihe von unten, 2. von links: Natalie von Milde

das Vorhandensein eines Töchterchens von ihm gestand, 5 Jahre alt, und sie um Heimatrecht bat für das Kind.« Damit wäre das Elternpaar nun immerhin bekannt.

Natalies weitere Lebensumstände und ihre Persönlichkeit lassen sich recht gut aus Briefdokumenten, den Briefwechseln der Eltern und ihrer eigenen Korrespondenz mit dem langjährigen Freund der Familie, dem Stuttgarter Hofbibliothekar Dr. Wilhelm Hemsen, und ihrem Briefwechsel mit der Schriftstellerin Marie von Ebner-Eschenbach erschließen. In Weimarer EinwohnerInnenverzeichnissen erscheint »Milde, N. Fräulein« erstmalig im Jahr 1882; die Adresse stimmt mit der ihrer Adoptiveltern überein. Aus den Nachlassdokumenten lässt sich ersehen, dass Natalie erst im Alter von einunddreißig Jahren offiziell von Rosa und Feodor von Milde adoptiert wurde, aber bereits seit Beginn ihrer Berufstätigkeit für Kost und Logis Miete zu entrichten hatte. Welche Berufstätigkeit nun hat ihr das ermöglicht? Das Adressbuch von 1882 nennt zunächst nur »Gesanglehrerin«, doch das »Lexikon deutscher Frauen der Feder« von 1898 gibt Aufschluss darüber, dass Natalie von Milde, die übrigens wie eine ganze Reihe anderer Frauenrechtlerinnen ihrer Zeit niemals heiratete, auch Vorträge hielt und *»schriftstellerisch, hauptsächlich auf dem Gebiete der Frauenbewegung thätig«* war. Die relative Fülle ihrer Schriften lässt vermuten, dass sie seit Ende der 1880er-Jahre auch damit einen Teil ihrer Einnahmen erzielen konnte.

Im September 1886 zog die Familie von Milde in das lang ersehnte geräumigere eigene Haus in der Junkerstraße 10a (später Lisztstraße 18). Nach dem Wegzug ihrer Stiefbrüder und dem Tod ihrer Adoptiveltern blieb Natalie bis zu ihrem Lebensende im Elternhaus wohnen und lebte dort hauptsächlich vom Gesangsunterricht. Ursprünglich hatte Natalie, die schon als Kind sowohl auf künstlerischem als auch auf intellektuellem Gebiet außergewöhnliche Begabung und Wissbegier zeigte und durch die Tätigkeit ihrer Eltern in einem Klima offener und geistvoller Geselligkeit aufwuchs, ganz andere Berufswünsche gehabt. Bei aller Weltläufigkeit im Umgang mit den großen Persönlichkeiten des kulturellen Lebens ihrer Zeit hatten die Eltern jedoch für die hochfliegenden Ausbildungs- und Berufswünsche der Adoptivtochter wenig Verständnis gezeigt: der lebhaften und hochmotivierten Natalie wurde sowohl eine Schauspielausbildung als auch das später heiß ersehnte wissenschaftliche Studium untersagt. Sie hielt sich zeitlebens durch Lesen schadlos, doch das war kein gleichwertiger Ersatz. Vor allem die Mutter blieb hart, was umso unverständlicher erscheint, als sie selbst in ihrer Jugend schmerzlich erlebt hatte, was es heißt, wenn Eltern die Wünsche eines Kindes nicht verstehen und es in die familiären Normen zwängen wollen. Natalie, die Rosa zeitlebens in Liebe, ja schwärmerischer Bewunderung zugetan war, fügte sich, weil sie, wie sie später einmal bekannte, einen Bruch seelisch nicht verkraftet hätte. Stattdessen erhielt sie nach Abschluss ihrer schulischen Ausbildung, ebenso wie die Brüder, durch die Mutter eine solide musikalisch-pädagogische Grundausbildung im Fach Gesang: ihr Handwerk fürs Leben. Infolge einer schweren Diphterie-Erkrankung mit vorübergehendem Stimmverlust und bleibender Stimmschwächung entfielen schon bald nach der Ausbildung auch ihre kleineren Soloauftritte als Sängerin, und so lag der berufliche Hauptakzent im künstlerischen Bereich schließlich ganz auf der pädagogischen Arbeit; in privatem Rahmen beschäftigte sie sich ergänzend mit Psychologie. In den Jahren 1879/80 nahm sie Privatunterricht bei dem Psychologen und Pädagogen Karl Volkmar Stoy in Jena, der das Konzept einer ganzheitlichen höheren Schulbildung mit Berufspraxis vertrat und sich maßgeblich für die Anerkennung der Pädagogik als eigenständige Wissenschaft einsetzte.

Natalie von Milde muss im Umgang mit ihren Schülerinnen eine ausgesprochen sichere und glückliche Hand gehabt haben, ganz gemäß einem ihrer Leitsätze: *»Gespräch ist die höchste Form aller Belehrung (…), zündet den geistigen Lebensfunken am raschesten und nachhaltigsten«* und ist *»in seiner tiefsten Form (…) Freundschaft, Fortschreiten, Liebe.«* (Der Richter zwischen Mann und Weib, Weimar 1893). Sie vermochte offenbar, langjährige vertrauensvolle Unterrichtsbeziehungen aufzubauen, so dass sie auch tieferen Einblick in Lebensumstände und Entwicklung der ihr Anempfohlenen gewinnen konnte. Sowohl aus den daraus resultierenden Einsichten in die sozialen Nöte und handfesten Benachteiligungen von Mädchen als auch aus der zuvor selbst erlebten Konfrontation ihrer eigenen sich entfaltenden Persönlichkeit mit der Enge gesellschaftlicher Rollenbilder und dem »Egoismus der Familie«, wie sie es in ihrem Werk nennt, und ebenso auch aus dem Schmerz über die ihr als Frau lebenslänglich entzogenen Bildungschancen entwickelte sich in Natalie von Milde eine kritische Sicht auf Klischees vom Frausein und von Weiblichkeit, eine sensible Anteilnahme für die Lebensbelange von Mädchen und Frauen und ein entsprechend waches Rechts- und Unrechtsbewusstsein. Gewiss, sie wurde keine Revolutionärin, aber sie verfolgte über Jahrzehnte mit heiterer Beharrlichkeit und überraschendem Selbstbewusstsein ihre frauenpolitischen Zielsetzungen.

Natalie von Mildes Schreibstil und der Wahl ihrer Themen ist zu entnehmen, dass sie eine umfassende literarische Bildung besaß, fußend auf gründlicher Kenntnis der Tradition der Weimarer Klassik, insbesondere von Goethes Werk. In einem im Jahr 1900 selbst publizierten Vortrag unterzieht sie zunächst die Dichtungen Goethes und Schillers, dann die Arbeiten einer Reihe zeitgenössischer Schriftstellerinnen einer Art Prüfung in Hinblick auf deren jeweiliges Engagement für Frauen, das sie zugleich in Beziehung setzt zur künstlerischen Qualität. Beurteilt sie die Romane der Weimarer Schriftstellerinnen Gabriele Reuter (»Aus guter Familie«) und Helene Böhlau (»Das Herbstthier«) – mit der sie eine langjährige Freundschaft verband – schon positiv, so erntet Marie von Ebner-Eschenbach höchstes Lob, denn diese *»lehrt uns, mit weiblichen Augen zu lesen«*. Ihre Aphorismen liest Natalie von Milde als *»Zeugnisse einer freigewordenen, sich selbst verantwortlichen Seele«* und als den *»hochwichtigen Beweis, für die philosophische Begabung der Frau«* (»Unsere Schriftstellerinnen und die Frauenbewegung«, Weimar 1900). Bereits zehn Jahre zuvor, in der Schrift »Der Richter zwischen Mann und Weib« (Erstdruck Berlin 1890), hatte Natalie von Milde ihre fundamentale Kritik an der Lebens- und Liebesferne der männlichen Wissenschaft öffentlich artikuliert – auch Nietzsche blieb dabei nicht verschont – und daraus die Notwendigkeit einer anderen, weiblichen Art des Philosophierens abgeleitet. Als *»Gedankenketten«*, die *»aus der Lebenserfahrung herausgewachsen sind«*, findet sie diese nun bei der von ihr als die größte Dichterin bezeichneten älteren Zeitgenossin, der sie sowohl künstlerisch als auch menschlich in liebender Verehrung zugetan war. Die Bekanntschaft war durch die Vermittlung eines langjährigen Freundes der Familie von Milde, des Stuttgarter Hofbibliothekars Dr. Wilhelm Hemsen, zustande gekommen. Die beiden schreibenden Frauen waren einander im Jahr 1882 in Wien erstmalig persönlich begegnet und blieben zeitlebens miteinander befreundet. Nicht nur Natalie von Mildes Herzensengagement, sondern auch ihre lebhafte Anteilnahme an Fragen der Zeit und ihr hohes literarisches Niveau finden sich dokumentiert in ihrem umfangreichen Beitrag zu dem zwischen den beiden Frauen rund zwei Jahrzehnte lang geführten Briefwechsel. Ein besonderer und anrührender Reiz ihrer Briefe (knapp zweihundert Stück) liegt in der achtungsvoll-bescheidenen, ja innigen Tonlage gegenüber Marie von Ebner-Eschenbach in Wendungen wie: »*Ihr Wohlbefinden gehört zu meinem Glück*« oder »*tausend Grüße in Verehrung, Liebe, Dankbarkeit sendet Ihnen Ihre N. M.*«. Von Marie von Ebner-Eschenbach sei hier nur ihr berühmter Satz zitiert: »*Als die erste Frau lesen lernte, trat die Frauenfrage in die Welt.*«

Als Rosa von Milde im Alter erkrankt, wird sie von Natalie bis zu ihrem Tode aufopferungsvoll gepflegt. Möglicherweise im Gefolge dieser Anstrengung oder des Schmerzes über den für sie nicht zu verwindenden Verlust stirbt Natalie von Milde zwei Monate später, am 29. März 1906, an einer durch eine Venenthrombose verursachten Lungenembolie. Sie wird auf dem Historischen Friedhof zu Weimar bestattet. Am 9. April 1906 veranstaltet der Verein »Frauenbildung–Frauenstudium« ihr zu Ehren eine Gedächtnisfeier: »*Sie war für unsere konservative Stadt Weimar die denkbar geeignetste Persönlichkeit, die Sache der Frauen anzubahnen und zu führen*«, heißt es da hellsichtig in der Rede von Hildegard Obrist-Jenicke. Marie Stritt, amtierende Vorsitzende des BDF, hebt unter vielen positiven Eigenschaften Natalie von Mildes ihre Qualität, auch Fernerstehende zu überzeugen, hervor, ihre ausgeprägte Redekunst und »*geistige Anmut*«. Und ihre Freundin Gräfin Marie von Bülow verweist auf ihre Gaben der Unerschrockenheit und Klarheit: »*Ihr ›Nein‹ war ein ›Nein‹, ihr ›Ja‹ war ein ›Ja‹ und dabei bliebs.*« Neben einer Reihe weiterer rühmlicher Nachrufe, unter anderem von Marie von Ebner-Eschenbach, Helene Lange und auch in der heimatlichen *Weima-*

rischen Zeitung, hat ihr plötzlicher Tod noch ein unrühmliches Nachspiel: Die Stiefbrüder nehmen einen Formfehler in Natalies Testament zum Anlass, um dieses anzufechten, und tun das ganz offenkundig aus reiner Besitzgier. Natalie hatte das Dokument schon im August 1901 aufgesetzt und darin die Verlagsrechte für ihr Werk, noch vorhandene Broschüren und vor allem ihr beträchtliches Barvermögen von 18 400 Mark (»*Jeder Thaler ist selbstverdient*«) dem Weimarer Frauenverein vermacht, mit dem Wunsch, »*es auf arme talentvolle Mädchen verwendet zu wissen, welche studieren wollen*«, wie es im Testamentstext wörtlich heißt.

Zwar ist es Marie von Bülows im Zusammenhang mit dem Erbstreit angestrengten gründlichen Recherchen zu verdanken, dass heute überhaupt Genaueres über Natalie von Mildes Herkunft bekannt ist, doch empfanden sie und andere damals deutlich das Unwürdige des Herumstocherns in der Vergangenheit der Verstorbenen. Am Ende des Gerichtsprozesses, bei dem Marie von Bülow mit anwaltlicher Hilfe die Interessen des Frauenvereins und damit Natalie von Mildes vertrat, fiel das gesamte Vermögen schließlich der herzoglichen Staatskasse zu, da nach geltendem Recht nur leibliche Verwandtschaft einen Erbanspruch begründete. Marie von Bülow und dem Verein blieb der schriftliche Nachlass; die Brüder verkauften das, was ihnen auch ohne Prozess zugestanden hätte: das Elternhaus in der Lisztstraße. Von Franz von Milde wurde Natalie in seiner 1918 edierten umfangreichen Biografie über die Eltern komplett totgeschwiegen! Dank dreier Schenkungen Marie von Bülows aus den Jahren 1936, 1937 und 1941 befindet sich, neben dem Testament, der größte Teil von Natalie von Mildes schriftlichem Nachlass heute im Weimarer Goethe- und Schiller-Archiv.

Nachlass im Goethe- und Schiller-Archiv Weimar * Natalie von Milde, »Der Richter zwischen Mann und Weib«, Weimar 1893 * Dies., »Unsere Schriftstellerinnen und die Frauenbewegung«, Vortrag, Weimar 1900 * Dies., »Goethe und Schiller und die Frauenfrage«, 2. Auflage, Hamburg 1904 * »Lexikon deutscher Frauen der Feder«, hg. von Sophie Pataky, Bd. 2, Berlin 1898 * Peter Cornelius, »Briefe in Poesie und Prosa an Feodor und Rosa von Milde«, hg. und eingeleitet von Natalie von Milde, Weimar 1901 * Helene Lange in: Die Frau, hg. von ders., 13. Jg., Heft 8, Mai

1906 * Ute Gerhardt, »Unerhört. Die Geschichte der deutschen Frauenbewegung«, Hamburg 1990 * Ulrike Müller, »Stadtrundgänge WEIMAR WEIBLICH«, Bd. 2, Frauenpersönlichkeiten zwischen Nachklassik und Aufbruch in die Moderne, Weimar 1999

Goethe und Schiller

und

die Frauenfrage

Von

Natalie von Milde

Zweite, durchgesehene Auflage

Hamburg

Hermann Seippel

1904

Titelblatt von »Goethe und Schiller und die Frauenfrage«
von Natalie von Milde, 1904

ES BAUHAUS WEIMAR
herzoglich Sächsische Hochschule
nst und ehemalige Großherzoglich
stgewerbeschule in Vereinigung
WEIMAR, den 21.4.24
Fernruf 1135
Bauha
Liszt Haus
Herren Haus
Itten
Muche
Mazdaznan
Schwarzer Bär
SCHLOSS
Lotti Hebestreit
Museum
Kandinsky
Goethe
Schiller
Nitsche
taatliches Bauhaus Weimar Ausstellung

»UND NUN TANZEN SIE DIE FARBE BLAU!«

FRAUEN AM WEIMARER BAUHAUS

Bevor wir uns den Pädagoginnen, Gestalterinnen und Künstlerinnen am Weimarer Bauhaus näher zuwenden, sei zuerst ein kurzer Blick geworfen auf die Anfänge der Klassischen Moderne in Deutschland.

Aus der Opposition gegen das frostige, zugeknöpfte Klima des autoritären deutschen Kaiserreichs entwickelt sich zu Beginn des 20. Jahrhunderts in Teilen der Jugend und in Kreisen der künstlerischen Avantgarde eine Aufbruchsbewegung, die neben den Künsten auch die Philosophie und die Pädagogik erfasst. Es geht um eine Reform des gesamten Lebens, um Ursprünglichkeit, Echtheit, Einfachheit. Aufbegehrende, emanzipatorische und schwärmerische Tonlagen mischen sich da ineinander, und es wird, kritisch und lustvoll zugleich, Grenzüberschreitung erprobt. Berühmte Namen der aufmüpfigen Berliner Szene sind: Gustav Landauer, Rudolf Steiner, Peter Hille, Else Lasker-Schüler und etwas später Herwarth Walden, der Begründer der Galerie »Sturm«. Es wird an der Prüderie, der Bürokratie, den bürgerlichen Konventionen und den Klassenschranken des Kaiserreiches gerüttelt, die Korsette werden aufgehakt und abgeworfen, und bei Sonnenaufgang – nackt im Park – wird in kosmosnahen gymnastischen Übungen jauchzend, besinnlich und sinnlich der Körper neu entdeckt. Geschlechter und Kontinente tanzen aufeinander zu. Alte und neue Künste von Malerei und Musik bis zu Film, Plakatkunst und Design gehen ungewöhnliche Allianzen ein, mit wissenschaftlichen und philosophischen Ideen von Nietzsche bis Freud, mit fremden Kulturen und mit den Möglichkeiten des technischen Fortschritts. Zur neuen Zeit gehört ein neues Zeitgefühl. Maschinen, Automobile, Eisenbahnen steigern das Lebenstempo in den Metropolen. In Film, Literatur und Ausdruckstanz werden Zeitlupe und Zeitraffer, Verlangsamung und Gleichzeitigkeit zu Gestaltungsmitteln.

Die Bühne wird zum Probenraum für künstlerische Experimente in Richtung auf ein Gesamtkunstwerk. Frauen entdecken die Lust an öffentlicher Selbstinszenierung. Erkundungen der Wechselwirkungen von physischer und psychischer, äußerer und innerer Realität, lassen Beziehungen verschiedener Dinge, Lebens- und Kunstbereiche untereinander zu Tage treten, wie zum Beispiel die zwischen Tönen, Farben und Bewegung. Die neue Kunst schwört dem dekorativen Jugendstil ab und will der Realität auf den Grund gehen. Aus Grundtönen, -formen und -farben werden Gestaltungselemente für die Abstraktion von der Wirklichkeit gewonnen, für eine neue geistige Realität. Die Musikpädagogin Gertrud Grunow, die als einzige Frau am Weimarer Bauhaus eine Lehrtätigkeit als Formmeisterin ausübte, war eine bedeutende Vertreterin dieser Zeit. Ihr Satz »Und nun tanzen Sie die Farbe Blau« stammt aus dem Vorkurs-Unterricht am Bauhaus und steht für ihr modernes ganzheitliches Konzept. Die Studierenden allerdings schockierte sie wohl häufiger damit.

In Weimar beförderten im ersten Jahrzehnt des 20. Jahrhunderts einige ›Damen von Einfluss‹ als Fürsprecherinnen fortschrittlicher Künstler den Aufbruch in die Moderne. So setzte sich ab 1896 Elisabeth Förster-Niezsche als Hüterin des unsterblichen Geistes ihres Bruders und als Grande Dame des »Neuen Weimar« in Szene. Zu ihren Salongästen gehörten unter anderem Henry van de Velde, Harry Graf Kessler, Gerhart Hauptmann und Hugo von Hofmannsthal. An der 1860 gegründeten »Großherzoglich-Sächsischen Kunstschule« (ab 1910 Hochschule) studierten schon vor der Eröffnung des Bauhauses einige Frauen. Zu ihnen gehörten Julia Berg, die später Lyonel Feininger heiratete, und Marianne Brandt, die dann am Bauhaus als Metalldesignerin berühmt wurde. Der belgische Architekt Henry van de Velde, der Wegbereiter des Weimarer Bauhauses, arbeitete an seinem »Kunstgewerblichen Seminar« (1902–1907) und an der von ihm erbauten »Großherzoglich-Sächsischen Kunstgewerbeschule« in Weimar (1907–1915) vorurteilsloser mit Frauen zusammen als später die Bauhaus-Meister, so mit der Schmuckgestalterin Erica von Scheel und mit den Gestalterinnen, die als Lehrkräfte an seiner Schule wirkten: Dora Wibiral (Ornamentik), Dorothea Seeligmüller (Farbstudium), beide auch für den Bereich Edelmetallarbeiten zuständig, Li Thorn (Teppichknüpferei) und Helene Börner (Schwedische Weberei, Hand- und Kurbelstickerei). Helene Börner wurde als einzige Frau aus dieser Zeit als Werkmeisterin ans Bauhaus übernommen.

Im Jahr 1919 führte der Architekt Walter Gropius in Weimar die Hochschule für Bildende Kunst und die von van de Velde bis 1915 geleitete Kunstgewerbeschule zum »Staatlichen Bauhaus« zusammen. Im Zentrum seines innovativen Konzepts stand die Verbindung von Kunst, Handwerk und Technik. Die Lehrzeit bestand aus handwerklicher Praxis (Werklehre), die von »Werkmeistern« vermittelt wurde und aus künstlerischem Unterricht (Formlehre), der von »Formmeistern« erteilt wurde. Ein halbjähriger »Vorkurs« diente der Persönlichkeitsbildung und der Verfeinerung handwerklicher und gestalterischer Fähigkeiten. Als Lehrer konnte Gropius bedeutende Künstler wie Itten, Feininger, Schlemmer, Klee, Kandinsky und Moholy-Nagy gewinnen. Das Weimarer Bauhaus-Experiment endete 1925, als in Thüringen eine rechtsgerichtete Regierung an die Macht kam und der Schule die Gelder strich; Gropius zog mit dem Bauhaus nach Dessau um.

Die Frauen, die 1919 ein Studium am Weimarer Bauhaus aufnahmen, gehörten bereits zur künstlerischen Avantgarde: In ihrer Jugend bewegt von den neuen Möglichkeiten in der Mädchen- und Frauenbildung, inspiriert von den Aufbrüchen in Pädagogik und Kunst, dann konfrontiert mit dem sinnlosen Leid des Ersten Weltkriegs, waren sie entschlossen, am Bauhaus ihre Visionen zu verwirklichen. Der freie Umgang mit allen Materialien, die neue Einfachheit mit ihrer Reduktion, Abstraktion und Konzentration auf Grundfarben und Grundformen, der Unterricht bei bedeutenden Künstlern, das gemeinschaftsorientierte Miteinander mit seinen Festen, seiner Spielfreude und den weltanschaulichen Auf- und Ausbrüchen, das alles begeisterte und inspirierte sie. Die Mehrzahl von ihnen brachte bereits eine abgeschlossene Ausbildung in einem pädagogischen oder kunsthandwerklichen Fach mit, da die meisten Kunstakademien weibliche Studierende noch bis zur Weimarer Republik ablehnten. Von 1919 an besaßen Frauen Wahlrecht und Lehrfreiheit. Das fortschrittliche Profil des Bauhauses machte nun auch die Gleichbehandlung der Geschlechter in der Ausbildung erforderlich, und so wurde mutig im Programm verkündigt: »*Als Lehrling aufgenommen wird jede unbescholtene Person ohne Rücksicht auf Alter und Geschlecht, deren Begabung und Vorbildung vom Meisterrat als ausreichend erachtet wird.*« Und die Damen kamen! Im ersten Semester im Sommer 1919 schrieben sich 84 weibliche und 79 männliche Studierende ein. Gleich bei seiner ersten Ansprache proklamierte Gropius: »*Keine Unterschiede zwischen dem schönen und starken Geschlecht. Absolute Gleichberechtigung, aber auch absolut gleiche Pflichten in der Arbeit aller Handwerker.*« In einem Atemzug mit der guten Absicht demonstrierte Gropius mit seiner Formulierung auch, wie tief die Vorstellung von einer natürlichen Differenz der »Geschlechtscharaktere« noch in den Köpfen und Herzen verankert war. Der sonst so fortschrittliche Bauhausmeister Itten war zum Beispiel davon überzeugt, Frauen wäre eine Schwäche, dreidimensional zu sehen, angeboren, und empfahl deshalb, sie sollten nur »*in der Fläche arbeiten*«. Gropius fürchtete, dass die große Anzahl von weiblichen Studierenden dem Ansehen der Schule schaden würde, empfahl schon bald, bezüglich der Frauen, »*keine unnötigen Experimente*« mehr zu machen, und forderte »*eine scharfe Aussonderung gleich nach der Aufnahme, vor allem bei dem der Zahl nach zu stark vertretenen weiblichen Geschlecht*«. Die Meister hatten außerdem Angst, die vielen Frauen könnten die wertvollen Ausbildungsplätze in den Werkstätten blockieren. Oskar Schlemmer widersetzte sich vehement der Beteiligung von Frauen an Architektur-Projekten und prägte später den berühmten Vers: »*Wo Wolle ist, ist auch ein Weib, das webt, und sei es nur zum Zeitvertreib.*« Und Carl Zaubitzer, der Leiter der grafischen Druckerei, hielt es auf jeden Fall »*für die Zukunft (für) besser, das weibliche Geschlecht von der Druckerei fernzuhalten*«. Umso positiver ist es zu bewerten, dass eine Studentin wie Friedl Dicker in der Druckereiwerkstatt ihre besondere Begabung als Grafikerin unter Beweis stellte. Ihr gilt ein Porträt in diesem Kapitel. Schlemmer traf mit seinem Spottvers den Kern der Vorurteile, die dazu führten, dass die Webereiwerkstatt ab 1920 zur Frauenklasse erklärt wurde; Handweberei stand in der Hierarchie von Kunst, Handwerk und

Gestaltung an letzter Stelle. Der Meisterrat hoffte, dass nun das ›Frauenproblem‹ gelöst sei. Das nächste Problem aber bekamen die Meister, als sich herausstellte, dass die äußerst produktive Weberei auch einen so großen kommerziellen Erfolg hatte, dass sie repräsentativen Charakter für das ganze Bauhaus bekam. Schlemmer und Gropius fürchteten erneut um den guten Ruf der Schule.

Die Weberei hatte von Anfang an zielstrebige Frauen mit außergewöhnlichen Begabungen angezogen. Einige von ihnen wie Martha Erps, Ida Kerkovius oder Ré Soupault entschieden sich später für andere künstlerische Bereiche, zum Beispiel für Fotografie, Film und Journalistik. Eine stolze Anzahl der Studentinnen aber machte die Weberei später zu ihrem Beruf und wurden vor allem in den Ländern, in die sie während des Nationalsozialismus emigriert waren, wie die Schweiz und die USA, zu Pionierinnen der Textilgestaltung und zu großen Lehrerinnen der Bauhauskunst. Zu ihnen gehören Gunta Stölzl, der ein Porträt gewidmet ist, sowie Benita Otte, Gertrud Arndt, Else Mögelin, Margarete Willers, Anni Albers und Marli Ehrmann. Einigen Studentinnen gelang es trotz erschwerter Aufnahmebedingungen, in anderen Bauhaus-Bereichen Fuß zu fassen. Dazu gehörten Dörte Helm (Architektur), Ilse Fehling (Bildhauerei) und Lou Scheper-Bergenkamp (Wandmalerei; Bauhausbühne). Zwei weitere Ausnahmen waren die besonders originellen und erfolgreichen Bauhaus-Künstlerinnen Alma Siedhoff-Buscher (Tischlerei, Druckerei; Design für Kinder) und Marianne Brandt (Metallgestaltung, später auch experimentelle Fotografie), der hier ein Porträt gewidmet ist.

Die Zahl der weiblichen Studierenden sank im Laufe der Zeit. Im Wintersemester 1924/25 waren es noch 34 Frauen und 68 Männer, im Wintersemester 1932/33 am Bauhaus in Berlin schließlich nur noch 25 Frauen und 90 Männer. Der Rückgang der Studentinnenzahlen spricht eine deutliche Sprache. Und dennoch war und bleibt das Weimarer Bauhaus ein bedeutender Ort für weibliche Aufbrüche in der Kunst.

GUNTA STÖLZL

1897–1983

»wir wollten lebendige dinge schaffen für unser heutiges dasein, für eine neue lebensgestaltung (…) vor uns lag ein riesiges experimentierfeld. es galt unsere vorstellungswelt zu präzisieren, unsere erlebnisse zu gestalten durch material, rhythmus, proportion, farbe, form.«

GUNTA STÖLZL rückblickend über die Weimarer Bauhauszeit in: *Bauhaus. Zeitschrift für Gestaltung*, 2. Juli 1931

❈

Gunta Stölzl, Porträtaufnahme, 1919

Die Textilgestalterin Gunta Stölzl war eine der erfolgreichsten Bauhausfrauen und hat wie keine andere die Arbeit der Webereiwerkstatt geprägt. Sie ist die einzige vollwertige Jungmeisterin der Schule geblieben und erreichte damit als eine der ganz wenigen Frauen überhaupt eine Leitungsposition am Bauhaus.

Adelgunde Stölzl, Gunta genannt, stammt aus München. Ihr Urgroßvater war Webermeister, ihr Vater Lehrer und stark in der Reformpädagogik engagiert; über die Mutter erfahren wir wenig. Die Familie lebte sehr naturverbunden, und zugleich wurde im Elternhaus großen Wert auf eine umfassende Bildung gelegt. Gunta konnte die höhere Töchterschule besuchen, wo sie 1913 die Reifeprüfung ablegte – eine große Ausnahme in der damaligen Zeit. Als sie 1919 ans Weimarer Bauhaus kommt, ist sie zweiundzwanzig Jahre alt und auf künstlerischem Gebiet keine Anfängerin mehr. Sie hat schon sieben Semester an der Münchner Kunstgewerbeschule studiert – die Akademie lehnte es damals noch ab, Frauen aufzunehmen. Leiter der Schule und Guntas wichtigster Lehrer war Richard Riemerschmidt, ein ganzheitlich orientierter Lebensreformer auf allen Gebieten der Gestaltung. Er war der Begründer des Werkbundes und der Vereinigten Werkstätten und eng mit Guntas Vater Franz Seraph Stölzl befreundet. Gunta Stölzl hat sich bei Walter Gropius, dem Leiter des Bauhauses, mit einer Mappe beworben, die sowohl Arbeiten aus ihrem Studium enthielt als auch freie Arbeiten und Zeichnungen, vor allem aus der Zeit ihres Kriegseinsatzes als Rotkreuzschwester im Ersten Weltkrieg. Die kraftvollen Zeichnungen zeigen Beobachtungsgabe und Einfühlungsvermögen, aber auch Trauer und Betroffenheit über die Zerstörungen und Grausamkeiten des Krieges. Gropius nimmt Stölzl sofort auf.

Schon in ihrer Jugend hat Gunta Stölzl gern und viel geschrieben. Ihre Tagebücher und Briefe spiegeln Freude am Naturerleben, die Auseinandersetzung mit religiösen und existenziellen Fragen und ihre lebenslange kritische Bemühung um echte Gefühle und um Wahrhaftigkeit wider, verbunden mit ihrer Fähigkeit zur Begeisterung bis hin zur Schwärmerei. Zugleich zeichnen sie auch ein differenziertes Bild der Zeit, gerade während ihrer Studienjahre in Weimar. In dieser Darstellung wollen wir sie deshalb immer wieder selbst zu Wort kommen lassen. An ihren Vater schreibt sie nach ihrer Ankunft in Weimar am 1. Oktober 1919 (siehe Abb. Seite 137):

»Lieber Vater! So ungefähr sieht es in meinem Stübchen aus (ober wie gesocht s'is recht chemitlich) (...) Heute ist nun der erste Tag, daß ich in Weimar gelebt habe (...) Meine Hausfrau ist ein alt Jüngferle, die wirklich recht lieb zu mir ist (...) Heut Mittag kriegt ich z.B. einen herrlichen Kartoffelbrei mit Specksauce & Apfelgrütze alles um 50 Pf (...) Weimar selbst gefällt mir sehr gut, es hat wundervolle alte Häuser u. in den Menschen hat sich viel alte Kultur erhalten sogar soviel daß die jungen Mädchen aus höheren Beamtenfamilien es für unschicklich halten ungepudert & geschminkt auszugehen, das ist wahrhaftig nicht modern sondern Überlieferung. Überhaupt ist Weimar riesig elegant fast mehr wie München u. es ist nicht so viel Halbwelt hier (...), Künstler aller Richtungen soll es en masse geben und es kämpfen heftig alte und neue Kunst. Gropius u. seine Schule hat ungefähr das ganze konservative Weimar gegen sich u. ist als Bolschewist & Spartakist u. weiß Gott was alles verschrien. Aber ich sprach auf meiner Zimmersuche doch auch recht vernünftige alte Leute Regierungsräte & alte Militärs, die recht gut in seine Ziele einzudringen vermögen. (...) In der Schule ist übrigens ein Speisehaus eingerichtet, wo wir voll verpflegt werden vom 1. Kaffee bis Abends um 3.50 (M). Da brauchte ich dann gar nichts geschickt bekommen das wäre sehr angenehm für Euch.«

Die Beweggründe Gunta Stölzls, ans Bauhaus zu gehen, sind vielschichtig: Die ergreifenden, einschneidenden Kriegserfahrungen lassen die Kunstgewerbeschule in München eng und konservativ erscheinen, die Verbitterung nach dem verlorenen Krieg ist groß. Das Bauhaus dagegen verspricht in seinem Manifest auch Frauen ein neues Lebens- und Arbeitsideal, das hohe Erwartungen auslöst und bei Gunta Stölzl die Hoffnung auf einen wirklichen Neuanfang weckt. Euphorisch beginnt

sie ihr Semester. Im Oktober 1919 schreibt sie in ihr Tagebuch: »*(...) nichts Hemmendes ist an meinem äußeren Leben, ich kann mir's gestalten wie ich will. ah, wie so oft träumt ich davon und nun ist's wirklich wahr geworden, kaum faß ich es noch (...)*« Und ein paar Tage später: »*Ein neuer Anfang. Ein neues Leben beginnt.*«

Nur wenige Wochen bleibt sie in ihrem ersten Studentenzimmer, dann zieht sie um an den »Silberblick«, in die Nähe des heutigen Nietzsche-Archivs: »*In einem ganz wüsten Wintersturm bezog ich meine neue Stube. (...) Hier oben ist Freiheit und Licht und Sonne und kühler Wind und viel Ruhe, nur die immer lebendige Natur spricht. Ich habe so einen Ausgleich nötig, sonst kann ich Menschen nicht mehr aufnehmen oder ich komme überhaupt nicht mehr zu mir selber. Das Zimmer ist klein und hell, ganz weiß und hat elektrisches Licht. Man ist doch schon recht abhängig geworden von den modernen Einrichtungen. Ich habe das Gefühl, wenn ich*

Historisches Gebäude der Hochschule für Bildende Kunst,
ab 1919 Staatliches Bauhaus Weimar, heute Bauhaus-Universität, 2007

hier in meiner Stube sitze, jetzt bist Du allein auf einer Insel, ringsherum brandet ein Menschenmeer und für einen kurzen Augenblick bist du ausgestoßen – oder darüber erhaben?« (Tagebuch, 24. November 1919)

Feste stehen im Bauhaus von Anfang an im Mittelpunkt des Gemeinschaftslebens, sie haben fast den gleichen Stellenwert wie der Unterricht. »*Am ersten Abend ein wundervolles Fest, man spürte gleich, was für ein Geist da weht, Eröffnungsfeier des Speisehauses. eine große Halle mit weißgedeckten Tischen, grüne Wände, Musik, fröhliches Spielen dringt uns entgegen, die Menschen die alle hergekommen sind, hier ernst zu schaffen, sind sich noch ganz fremd, sie wollen sich aber näher treten, gibt es da eine bessere Idee als bei fröhlichem zwecklosen Zusammensein, Tanz und Spiel? (...) dann kamen ernste Worte von Gropius. Wir stehen vor einem Vakuum, es muß voll werden, es muß aufgebaut werden und jede Hand ist dazu wichtig.«* (Tagebuch, 8. Oktober 1919)

Der Winter 1919 ist für Gunta Stölzl reich an Aktivitäten und neuen Freundschaften. Begeisterte, idealisierende Darstellungen der Feste dominieren sowohl in den Tagebüchern als auch in den Rückblicken, doch nicht alle Abende verlaufen harmonisch. Schon 1920 zeichnen sich

---

Bauhaus-Meister und -Meisterin Gunta Stölzl anlässlich der Eröffnung des Bauhauses in Dessau am 5.12.1926

Auseinandersetzungen ab, die Gunta Stölzl im Tagebuch zu analysieren versucht: »*Weimar schwere Kämpfe ich komme gerade recht. Es begann mit dem ersten Bauhausabend von Else Lasker-Schüler der Abend selbst wundervoll rein orientalisch jüdisch. Den Anstoß zu dem großen Kampf gab das herausfordernde Benehmen einzelner Juden am Abend einigen Schülern gegenüber (...) Zuerst sah es beinahe aus, als ob der Kampf in Antisemitismus ausarten würde, die Gefahr ist überwunden, obwohl natürlich die Rassenfrage im Mittelpunkt ruht, aber die Bauhausidee muß darüber stehen.*« Gunta Stölzl berichtet von langen Auseinandersetzungen und offenem Streit mit verwundenden Worten. Sie schildert die Vorurteile der Studenten um Johannes Itten gegenüber einzelnen jüdischen Studenten – sie nannten sie Verbrecher und »*Wühlwurm*« – und versucht, die Angegriffenen in ihrer Haltung zu verstehen, wie immer ausgleichend und mit dem Wunsch nach Harmonie. Gunta Stölzl ist eine der Ersten, die kritisch zu den rassistischen Auseinandersetzungen am frühen Bauhaus Stellung nehmen, während in der Presse erst gegen Ende der Weimarer Zeit solche Auseinandersetzungen dargestellt werden.

Die Bedingungen für einen reibungslosen Unterrichtsablauf am Bauhaus sind zunächst schwierig. Funktionierende Werkstätten gibt es noch nicht, und so versucht Gropius, seine Idee der Verbindung von Kunst und Handwerk bei Weimarer Handwerkern zu verwirklichen. Gunta Stölzl beginnt die Arbeit bei einem Glasmaler, fürchtet aber bald, dort nur »*abgestandenes Handwerk*« zu lernen, und wechselt zur Dekorationsmalerei über, deren höchstes Ziel sie im Fresko sieht. Die Wirklichkeit aber ist ernüchternd: Die Arbeit besteht in der Renovierung des Bauhausgebäudes. In der ersten Zeit gibt es generell kaum strukturierten Unterricht, auch wenig Betreuung, dafür ist Kreativität und Eigeninitiative gefragt, die sich auch in neuer Raumgestaltung niederschlägt. In ihrem Manuskript für eine Sendung im Deutschlandfunk 1969 heißt es: »*So ein Atelier ist schon gestaltet, das Bett ultrablau gestrichen, der Tisch zinnoberrot, die unmöglichen Stühle verbrannt, wir sitzen auf Kisten, farbig gestrichen, an den Wänden hängen Radierungen, Holz- und Linolschnitte, Aquarelle, am Atelierfenster ein Gebilde aus farbigem Glas, Flaschenböden und Scherben verbleit, ganz abstrakt.*«

Diese Art der Raumkunst geht im Wesentlichen auf die Anregungen Johannes Ittens zurück, der schon 1919 regulären Unterricht gibt und den Gunta Stölzl besonders schätzt, weil er alle Sinne anspricht und ihre individuellen Kräfte fördert. In ihrem Tagebucheintrag vom 8. Oktober 1919 beschreibt sie diesen Unterricht. »*Geheimnisse, große Zusammenhänge werden sichtbar (...) Erst muß man seine Hand ausbilden, (...) ebenso wie der Klavierspieler Fingerübungen macht, machen auch wir Fingerübungen. In diesen Anfängen spüren wir schon, wodurch Rhythmus entsteht, unendliche Bewegung im Kreis, wie von den Fingerspitzen angefangen, die Bewegung flutet durchs Handgelenk, Ellenbogen, Schulter bis zum Herzen, das muß man fühlen bei jedem Strich (...). Zeichnen ist nicht, Gesehenes wiedergeben, sondern, das, was man spürt durch äußere Anregung (...) durch den ganzen Körper strömen lassen, dann kommt es als etwas unbedingt Eigenes wieder heraus, als irgendeine künstlerische Gestaltung oder einfacher, als pulsendes Leben.*« Itten bereichert das kulturelle Leben am Bauhaus auch durch Ausstellungen, die von Konzerten begleitet werden. In den Texten Gunta Stölzls wird seine große Ausstrahlung sichtbar. Am 7. November 1919 notiert sie in ihrem Tagebuch: »*Itten Ausstellung – wie viel näher war mir heute Itten, wie unsagbar schön sind diese Bilder. (...) Der Farbenklang (...) ist weit hinaus über alles, was ich bis jetzt gesehen habe.*«

Den traditionellen Weihnachtsmarkt in Weimar bereichert das Bauhaus um eine »Dadabude«, in der vor allem Objekte aus Ittens Unterricht verkauft werden, die allesamt neue Wege der Gestaltung aufweisen. Gunta Stölzl entwirft Phantasiespieltiere aus Stoffresten, dazu Spanschachteln mit abstrakten Motiven, und sie bemalt Porzellanteller nach den Gestaltungsprinzipien aus Ittens Unterricht. Itten sieht in der Herstellung dieses Spielzeugs eine Herausforderung an die Kreativität und eine spielerische Materialerfahrung. Diese Arbeiten werden weit ins Jahr 1920 hinein auch aus wirtschaftlichen Gründen produziert, besonders von den Frauen.

In Raum 10 des Werkstattgebäudes entwickelt sich ab 1920 eine spezielle Frauenklasse, unterstützt von Gropius, den, wie ein Meisterratsprotokoll belegt, die große Zahl von Frauen am Bauhaus beunruhigt hat. Die Techniken dieser Werkstatt, die bald auch Weberei genannt wird, sind zunächst begrenzt. Neben Applikation und Stickerei, Gobelintechnik und einfachen Flachgeweben werden Knüpftechniken angewandt. Dafür ist die Formgebung neu, es herrschen geometrische Formen und abstrakte Bildkompositionen vor, die Farbgebung ist sensibel geschult, die Materialwahl unkonventionell. Trotz mangelnder berufskundlicher Unterweisung sind Begeisterung und Aufnahmefähigkeit groß. So erinnert sich die Bauhauskünstlerin Anni Albers, die mit Gunta Stölzl in Weimar studierte: »*Es gab keinen richtigen Lehrer für Textilarbeit, wir hatten keine richtigen Klassen. Heute sagen die Leute nur: ›Das haben sie alles am Bauhaus gelernt!‹ Zu Beginn lernten wir überhaupt nichts. Ich habe viel von Gunta gelernt, die eine großartige Lehrerin war. Wir saßen da und haben es einfach probiert.*« Seit 1920 wird die Arbeit in der Weberei straffer organisiert, die Arbeitszeit auf täglich sechs Stunden festgesetzt. Dies hat vorrangig wirtschaftliche Gründe. Die Produkte sollen verkauft werden, um die Kosten des Bauhauses zu senken.

Im Winter 1920 erhält Gunta Stölzl eine Schulgeldfreistelle, später auch ein Stipendium, was sicher auf ihr außergewöhnliches Engagement in der Weberei zurückzuführen ist. 1921 wird auch der Unterricht der Weberei um eine wichtige Facette erweitert: Paul Klee kommt ans Bauhaus, und Gunta Stölzl belegt sofort seine »Bildnerische Formlehre«. Sie würdigt ihn als einen Lehrer, dem sie »*vertiefte, begrifflich durchgeklärte Probleme der Form, der Verhältnisse, der Farbwerte*« verdanke. An vielen Arbeiten Gunta Stölzls aus der ersten Weimarer Zeit wird deutlich, wie gut sie die Prinzipien ihrer Lehrer begreift und deren Werke versteht, ohne sie nachzuahmen.

Auf einem der zahlreichen Bauhausfeste lernt Gunta Stölzl einen Studenten kennen, und es entwickelt sich eine schwärmerische Liebe. Im Verlauf ihrer mehrmonatigen Bekanntschaft quälen sich jedoch beide. Gunta Stölzl scheint schon an eine Ehe gedacht zu haben, während er eine lockere Beziehung wünscht; schließlich trennen sie sich. Die später oft zitierte sexuelle Freizügigkeit der 1920er-Jahre und besonders der Bauhausstudenten ist hier keineswegs selbstverständlich und wird zum Problem. Darin liegt auch der Grund für den nächsten Umzug Gunta

Stölzls, die ihren Vermietern wohl schon zu freizügig war. Im Frühjahr 1920 verliebt sie sich erneut heftig, diesmal in den Maler Werner Gilles, und wieder ist sie sich nach wenigen Tagen sicher, den Mann fürs Leben gefunden zu haben. Ostern 1920 verloben sich die beiden und beschreiben ihre Liebe in lyrischen Briefen und schwärmerischen Tagebuchtexten, die von großem Glück zeugen. Doch schon bald befallen Gilles Zweifel, die zwar nie erklärt werden, aber sicher in seiner Homosexualität ihre Ursache haben. Gunta Stölzl ist verzweifelt, beendet die Beziehung. Als Weg aus ihrer Krise wählt sie, wie schon in früheren Jahren, eine lange Wanderung, auf der sie allmählich ihr Gleichgewicht wiederfindet und plötzlich sehr kritisch und pragmatisch ihre Lebensziele betrachtet: *»(...) wir Menschen von heute haben einfach noch nicht die Form gefunden für Liebe und Ehe, dasselbe Suchen, das sich in allen unseren Werken ausdrückt, ist eben verzweifelte Sehnen nach einer neuen Lebensform. Alle die Ehen scheitern oder sind unglücklich, Gropius wird sich scheiden lassen, Feininger quält sich, Itten wird von einem Vampyr beherrscht.«* (Tagebuch, kurz vor dem 28. Mai 1920)

Gunta Stölzl entschließt sich, von nun an alle Kraft der Arbeit am Bauhaus zu widmen. Die Gedanken dazu legt sie in einem langen Tagebuchtext nieder. Danach führt sie kein Tagebuch mehr. *»Ich habe die blaue Jacke genäht, tausend, tausend Stiche. Manchmal hab ich Angst, daß zu viel Leid eingewoben ist, daß sie schwer ist von Tränen. Aber jetzt bin ich froh, daß sie aus meinen Händen ist und jetzt werde ich mich auch freuen können, wenn Du sie trägst. Sie hat ein ruhiges Blau, das mahnt Geduld, Geduld und Demut. Woher weißt Du daß ich mich quäle? Ich muß hart gegen Dich sein, so hart. Ich habe an so vielerlei diese Woche mich hingeben müssen, ich habe nicht gern dieses Seil der Betriebsamkeit ergriffen, aber ich fühle auch da, daß es kein Zufall war, daß Gropius gerade mich erwischt hat und es macht mir auch wirklich Freude, Verantwortung zu haben (...) Ich habe jetzt das Gefühl, daß ich mein Leben und Schicksal vom Bauhaus nicht mehr trennen kann und das ist eine große Kraftquelle.«* Gunta Stölzl ergreift in der Tat das *»Seil der Betriebsamkeit«* und arbeitet in der folgenden Zeit an vielen großen Projekten. Nun wird sie zur prägenden Persönlichkeit der Textilwerkstatt.

Wandbehang »Schwarz-Weiß« von Gunta Stölzl, 1923/24 (Seitenverkehrte Nachwebung von Helene Börner, 1925), Halbgobelin, Leinwandbindung, Flachweberei mit gewendetem Schützen

Bald erarbeitet sie in Zusammenarbeit mit Marcel Breuer, einem der ideenreichsten Studenten aus der Tischlerei, Bespannungen für Sitzmöbel, zunächst in freier abstrakter Weberei, dann mit strengen Gurten in wenigen Farben. Diese Arbeiten sind der Beginn einer fruchtbaren Zusammenarbeit zwischen Weberei und Tischlerei, in deren Folge auch Bespannstoffe für moderne Latten- und Stahlrohrstühle entwickelt werden. 1922 entsteht auch ein erster großer bildhafter, heute verschollener Gobelin. Es folgt ein zwei mal drei Meter großer Knüpfteppich, den der Formmeister Lothar Schreyer *»gleich einer Frühlingswiese einer lichteren Welt erblühen«* sah. Dieser Teppich wird vom Bauhaus als Gesellenstück anerkannt und in einer der ersten Bauhausausstellungen in Weimar präsentiert. Um die Arbeit in der Weberei vielseitiger zu gestalten, nehmen Gunta Stölzl und ihre Freundin Benita Otte 1922 und 1924 an Fortbildungskursen in der Textilfachschule Krefeld teil. Im Herbst 1922 erhält Gunta Stölzl nach langem Warten eine Atelierwohnung im Bauhaus.

Die Produktivität des Jahres 1923 ist besonders groß, denn das Bauhaus tritt mit einer umfassenden Ausstellung an die Öffentlichkeit. Dafür wird auch ein Musterhaus, das »Haus Am Horn«, gebaut, für das Gunta Stölzl einen der vielbeachteten Teppiche webt. Ein weiteres Ausstellungsstück, ein sechs Meter langer Knüpfteppich mit abstrakten Motiven, wird schon während der Ausstellung an einen Architekten verkauft, ebenso ihr Gesellenstück. In diesem Jahr entstehen auch drei der erhalten gebliebenen großen Wandbehänge der Weimarer Zeit, die sich heute in Museen in Basel, New York und Cambridge/USA befinden. Bis 1925 webt sie eine Reihe von Wandbehängen mit Streifenmustern, die zum Teil in Weimar bleiben. Von Januar bis August 1924 nutzt Johannes Itten die Fachkompetenz Gunta Stölzls, indem er sie zum Aufbau einer kleinen Handweberei engagiert. Im Herbst 1924 wird Gunta Stölzl als Gesellin in der Bauhausweberei angestellt, eine große Ausnahme unter den Frauen am Bauhaus. In der Produktivwerkstatt der Weberei entstehen auch Meterwaren, von denen einige schon als Prototypen für die Industrie verkauft werden. Die ersten Firmen ordern Bauhausstoffe. Ein Weg zum modernen Textildesign wird sichtbar, der bald am Bauhaus Dessau fortgesetzt und erweitert wird. In Weimar verweigern inzwischen die rechten politischen Kräfte eine weitere Unterstützung des Bauhauses, so dass Gropius zur Auflösung seiner Schule gezwungen ist.

Der Umzug nach Dessau beginnt, und Gunta Stölzl wird gemäß einem offiziellen Vertrag mit dem Magistrat der Stadt Dessau als Werkmeisterin der Webabteilung an das neue Bauhaus verpflichtet. Nachdem Muche infolge schwerer Differenzen mit den Webereistudentinnen gegangen ist, übernimmt Gunta Stölzl als erste weibliche Lehrkraft die gesamte Leitung der Weberei am neu gebauten Bauhaus Dessau. In ihrem Artikel von 1931 kommentiert sie die künstlerische Neuorientierung: *»wir suchten uns zu vereinfachen, unsere mittel zu disziplinieren, zweckbestimmter zu werden (...) die parole dieser neuen epoche: modelle für die industrie!«*

Die politischen Auseinandersetzungen erreichen bald auch Dessau: Durch eine Intrige von nationalsozialistisch orientierten Studentinnen und Studenten muss Gunta Stölzl 1931 das Bauhaus verlassen und emigriert in die Schweiz, wo sie bis zum Alter von siebzig Jahren eine eigene Handweberei führt. Sie stirbt im Alter von sechsundachtzig Jahren in Küsnacht.

Gastautorin dieses Beitrags: *Ingrid Radewaldt*

Tagebücher und Briefe aus Privatbesitz * Stiftung Bauhaus Dessau (Hg.), »Gunta Stölzl. Meisterin am Bauhaus Dessau«, Ausstellungskatalog, Dessau 1997 * »Das Bauhaus webt: die Textilwerkstatt des Bauhauses, Gemeinschaftsprojekt der Bauhaus-Sammlungen in Weimar, Dessau, Berlin«, Berlin 1998 * Sigrid Wortmann Weltge, »Bauhaus-Textilien, Kunst und Künstlerinnen der Webwerkstatt«, Schaffhausen 1993 * Bauhaus-Archiv Berlin (Hg.), »Gunta Stölzl. Weberei am Bauhaus und aus eigener Werkstatt«, Ausstellungskatalog, Berlin 1987

FRIEDL DICKER

1898 – 1944

»Liebes Anny, (…) Morgen großes Kostümfest im Bauhaus (…) Weimar ist total geldlos (…) Uns ist bestimmt, nicht reich zu werden, und es ist gut so, wir brauchen es nicht. Und überlege, so oft uns die Geduld riß und es schien, als wäre es des Geldes wegen, war es immer eine innere Ursache. Ich glaube, die Sorgen, die sich die Menschen machen, sind da nur zu überdecken die eigentliche Ursache ihrer inneren Unruhe. Geben wir acht und sehen wir, daß diese getilgt ist und alles ist gut.«

Aus einem Brief an die Freundin und Kommilitonin Anny Wottitz, undatiert, um 1921

⁜

Friedl Dicker, Fotografie, 1920er-Jahre

Friedl Dicker war eine mit vielseitigem künstlerischen Eigen-Sinn begabte Persönlichkeit und gehört zu den bedeutendsten Vertreterinnen des frühen Weimarer Bauhauses. Dort und in ihren eigenen freien Werkstätten in Berlin, Wien und Prag trat sie mit Grafik, Plastiken, Bucheinbänden, Lederarbeiten und Schmuck, aber auch mit Theaterkostümen, Entwürfen für Häuser, Wohn- und Arbeitsräume, mit modernen Verwandlungsmöbeln und mit Spielzeug in Erscheinung. Zu ihren bekanntesten Grafiken gehört das Einladungsplakat für einen Bauhaus-Abend mit Else Lasker-Schüler. Unter den furchtbarsten existenziellen Bedingungen entfaltete sie dann ihre außergewöhnliche pädagogische und therapeutische Begabung: im Ghetto Theresienstadt, wo sie nach ihrer Internierung ab 1942 bis zu ihrer Ermordung in Auschwitz im Oktober 1944 den gleichfalls dort internierten Kindern illegal Mal- und Zeichenunterricht gab. Zirka 600 der heute rund 5000 erhalten gebliebenen Kinderzeichnungen aus dem Ghetto zeigen einen deutlichen Bezug zur Bauhauspädagogik der Weimarer Zeit. Die Kinderbilder und ihre eigenen Arbeiten aus Theresienstadt, dazu weitere der weltweit verstreuten Werke Friedl Dickers sind seither an vielen Orten der Welt ausgestellt worden und lassen Namen, Werk und Bedeutung der Künstlerin bis heute weiterleben.

Friedl Dicker wurde 1898 in Wien geboren. Sie wuchs in einem bürgerlichen jüdischen Elternhaus auf. Die Mutter Karoline, geb. Fanta, starb, als ihr einziges Kind Friedl kaum vier Jahre alt war. In dem Papiergeschäft, in dem ihr Vater Simon Dicker als Verkäufer arbeitete, machte Friedl schon im Vorschulalter ihre ersten künstlerischen Erfahrungen. Dass das kostbare Papier nicht für kreative Kinder da sei, merkte sie sich fürs Leben; viele ihrer Skizzen gingen später unwiederbringlich verloren, weil sie auf Zeitungspapier gezeichnet waren. Von 1909 bis 1912 besuchte sie die Wiener Bürgerschule für Mädchen. Schon als Jugendliche hegte sie eine Leidenschaft für schön gestaltete Bücher; mit der Herstellung von Marionetten und mit Puppenspiel verdiente sie sich ihr erstes eigenes Geld. Von 1912 bis 1914 machte Friedl Dicker eine Lehre für Fotografie und Reproduktionstechnik an der Graphischen Lehr- und Versuchsanstalt in Wien – damals für ein junges Mädchen ein noch recht ungewöhnlicher Weg. Von 1914 bis 1916 besuchte sie dann die Textilklasse der k.u.k. Kunstgewerbeschule. Zu ihren Lehrern gehörte der Künstler und Reformpädagoge Franz Cizek, der sie mit den künstlerischen Möglichkeiten freier Kreativität in Berührung brachte. Nun schnitt sich Friedl ein für alle Mal das Haar kurz, schwänzte mit Vergnügen die Abendkurse am Freien Lyzeum, die sie zusätzlich besuchte, gab sich der Vergötterung von Rembrandt und Beethoven hin und warf sich dem Theater in die Arme. Von 1916 bis 1919 studierte sie an der privaten Kunstschule von Johannes Itten (1888–1967). Im eiskalten Klassenraum – es herrschte Krieg – und mit äußerst unorthodoxen Unterrichtsmethoden entfachte der junge charismatische Lehrer in den hungrigen SchülerInnen das Feuer für seine mystischen Ideen und praktischen Übungen zur Verwirklichung des geistigen Fortschritts durch die Kunst. Johannes Itten hatte nach einer Pädagogik-Ausbildung in Bern und einem Kunststudium bei Adolf Hoelzel in Stuttgart, dessen Farbenlehre unter anderem auf Goethe zurückging, in der Berliner »Sturm«-Galerie abstrakte Gemälde ausgestellt und beschäftigte sich mit kunsttheoretischen, -therapeutischen und -pädagogischen Fragen. Seit zirka 1916 setzte er sich mit Ideen nah- und fernöstlicher Mystiktradition auseinander, 1917 schloss er sich der in Los Angeles neu gegründeten, religiösen Bewegung des »Mazdaznan« an, die sich auf den Propheten Zarathustra berief. Für seine Schule entwickelte er ein eigenständiges kunstpädagogisches Konzept, nach welchem seit 1917 auch »Analysen alter Meister« auf dem Lehrplan standen.

Als Itten Anfang Oktober 1919 seine Stelle antritt, erwarten ihn rund zwanzig Studierende aus seinem Wiener ›Fan-Club‹, unter ihnen Friedl Dicker, Franz Singer, Margit Téry und Anny Wottitz, die miteinander befreundet sind. Ittens Vorkurs wird ab 1920 zum Pflichtfach und damit zur Grundlage der Bauhausarbeit. Mit kahl rasiertem Schädel und in Mazdaznan-Kluft erregt der Meister auch Spott, viele jedoch sind von ihm eher fasziniert. Seine Alltagspraktiken wie Meditation und vegetarische Ernährung wirken ansteckend auf Schüler und Kollegen, außerhalb des Bauhauses aber stoßen sie auf Ablehnung. Ittens klösterliche Abkehr vom »Weltgetriebe« bringt ihn schließlich auch in Konflikt mit Gropius, der inzwischen eine stärkere Verbindung von Kunst und Industrie anstrebt. Kollege Ittens sektiererisches Gebaren trägt leider maßgeblich zum schlechten Ruf des Bauhauses bei konservativen Politikern und in der Bevölkerung bei. Friedl Dicker gehört ihre ganze Weimarer Zeit hindurch zum Kreis der Itten-Getreuen. Sie wirkt unter anderem gestalterisch an der Zeitschrift *Utopia* mit, einem programmatischen Schlüsselwerk der frühen Bauhauszeit. Ihre ausgeprägte grafische Begabung zeigt sie vor allem in Ittens Vorkurs-Unterricht. Zu diesem gehört auch die Analyse von Grünewalds »Isenheimer Altar« im Rahmen der »Analysen alter Meister«. Dickers daraus entstandene »expressive Phantastik« kehre, so erläutert Hans M. Wingler zur Dicker-Singer-Ausstellung 1970 im Bauhaus-Archiv Darmstadt, zuverlässig in Drucken und Gemälden der Künstlerin wieder. Wingler: »Friedl Dicker hat offenbar aus einer großen imaginativen Fülle geschöpft (…)«. Aus der düster-visionären Verfasstheit ihrer Arbeiten ließen sich, so Wingler, keine unmittelbaren Rückschlüsse auf die persönliche Gemütslage der Künstlerin ziehen. Eine langjährige Freundin Friedl Dickers, Lily Hildebrandt, habe diese als frohen Menschen geschildert, *»anregend, von Einfällen übersprudelnd«* und mit Leichtigkeit und Improvisationstalent ausgestattet. Die Kunsttherapeutin, Dicker-Forscherin und ehemalige Schülerin Elena Makarova bemerkt, Friedl Dickers Leidenschaft für Musik und Theater habe in ihrem Werk große Bedeutung gehabt. Und sie spricht von Dickers großem »(…) Talent, sich in eine Welt ›hinter dem Spiegel‹ der Darstellung zu vertiefen«.

Neben Itten steht Paul Klee Friedl Dicker als Künstler und Mensch besonders nahe. Die Fähigkeit, Dinge von innen und von allen Seiten sehen zu können und sich dabei dem Seelenkosmos von Kindern zu öffnen, wird sie bis nach Theresienstadt mitnehmen. Ihre temperamentvoll-darstellerische Seite hingegen lebt sie in der Bildhauerwerkstatt bei Oskar Schlemmer aus. Schlemmers für die Bühne zusammengesetzte »triadische« Ballettfiguren beflügeln ihre Gestaltungs- und Inszenierungsideen für das Theater. Im Frühjahr 1921 erhält Friedl Dicker als einzige StudentIn ein Stipendium. In den Meisterratsprotokollen findet sich auch ein Hinweis darauf, dass ihr während des Studiums infolge ihrer außergewöhnlichen Leistungen zeitweilig bereits Lehraufgaben übertragen worden sind. Die Zeugnisse, die Gropius und Itten Friedl Dicker im April 1931 ausstellten, bestätigen diese Annahme. Itten: *»Fräulein Friedl Dicker war in den Jahren 1918–1923 in Wien und am Staatlichen Bauhaus in Weimar meine Schülerin. Sie ist ein künstlerisch aussergewöhnlicher Mensch, den ich als eine wertvolle und selbständige Persönlichkeit sehr hoch schätze. Ich empfehle sie aufs beste den Behörden.«* Auf Beschluss des Meisterrates in der Sitzung vom 12. Oktober 1921 erhält Friedl Dicker als eine von zwölf Studierenden von Ostern 1922 an eine Schulgeld-Freistelle; die meisten der Bauhaus-Studierenden lebten unter bedrängenden wirtschaftlichen Bedingungen. Zwischen 1920 und 1924 entwirft und gestaltet Friedl Dicker gemeinsam mit Franz Singer Bühnenbilder und Kostüme für Theater in Dresden und Berlin. Beide arbeiten mit Berthold Viertel und später mit Bert Brecht zusammen. Mit ihrer künstlerischen Eigenständigkeit stellte Friedl Dicker unter den ›Itten-Fans‹ offenbar eine Ausnahme dar. Friedl Dicker hat ihre Entwicklung 1940 in einem Brief an die Freundin Hilde Kothny reflektiert: Itten habe ihr *»geholfen aus einer verbrauchten Form herauszukriechen – es war eine sehr harte Eierschale* (...) *Die Dinge, die ich damals lernte, scheinen völlig aufgesogen worden zu sein – ein Zeichen, wie gut sie waren.«*

Die Phase des frühen Bauhauses neigt sich 1924 ihrem Ende zu. Unter den Lehrern gibt es heftige inhaltliche Auseinandersetzungen, Schlemmer sieht bereits im Juni 1922 *»statt Kathedralen die Wohnmaschine«* kommen. Itten verlässt das Bauhaus Ostern 1923, die Musikpädagogin Gertrud Grunow geht 1924. Ihr Unterricht in »Harmonisierungslehre« hat mit Sicherheit für Friedl Dickers pädagogische und therapeutische Arbeit Bedeutung gehabt. Dickers Studienzeit am Weimarer Bauhaus endet laut Zeugnis im September 1923. Die neue Richtung entspricht den meisten Angehörigen der »Wiener Gruppe« nicht, sie bleiben aber nach ihrem Weggang in Verbindung miteinander. Zwischen Friedl Dicker und Franz Singer besteht schon seit meh-

reren Jahren eine intensive Arbeits- und Liebesbeziehung. Im privaten Bereich ist sie kompliziert, seit Singer 1921 die Schauspielerin Emmy Heim geheiratet und mit ihr einen Sohn bekommen hat. Friedl, die sich sehnlichst Kinder wünscht, wird mehrfach von Singer schwanger, doch da er mit ihr kein Kind haben will, sieht sie sich jedes Mal zur Abtreibung gezwungen. Das stürzt beide in schwere Krisen, das stürmische Liebes- und Arbeitsbündnis geht jedoch munter weiter. 1923 gründet sie mit Singer in Berlin-Friedenau die »Werkstätten Bildender Kunst«, 1926 in Wien das Gemeinschaftsatelier »Singer-Dicker«, das äußerst erfolgreich ist. Die Arbeiten werden mehrfach ausgezeichnet und unter anderem in der Ausstellung »Moderne Inneneinrichtungen« im Öster-

Zeichnung aus dem Unterricht von Friedl Dicker, nach Vermeers »Das Mädchen mit dem Weinglas«, Wasserfarben, 1943/44

reichischen Museum Wien 1930 gezeigt. An den meisten Projekten sind beide Künstler beteiligt, Friedl Dicker primär im Bereich der Innenarchitektur, wo sie durch ihre unorthodoxen Formprinzipien, ausgeprägte Farbigkeit und »Materialsinnlichkeit« hervorsticht. Es ist bedauerlich, dass gerade Friedls größeren Arbeiten später häufig unter Singers Namen subsumiert wurden und bis heute nicht eindeutig als ihr Werk zu identifizieren sind. Bei beiden ist die Bauhausherkunft unübersehbar. So verkörpert das moderne Raumkonzept der wandelbaren Zweckmäßigkeit auf kleinstem Raum die Prinzipien von Ungebundenheit, Offenheit und Toleranz.

1931 trennt sich Friedl Dicker von Franz Singer, löst die Ateliergemeinschaft auf und eröffnet in Wien ein eigenes Atelier. Aber inzwischen beginnt sich nicht nur in Deutschland die gesellschaftliche Großwetterlage zu verändern. Aus dem roten wird zunehmend das schwarzbraune Wien. Friedl Dicker, die sich inzwischen politisch betätigt und 1931 der Kommunistischen Partei beigetreten ist, wird 1934 verhaftet und inhaftiert. Nach der Entlassung gelingt es ihr, in die Tschechoslowakei zu emigrieren. Sie lässt sich in Prag nieder, baut sich als Innenarchitektin und Zeichenlehrerin eine neue Existenz auf und engagiert sich in Kreisen kommunistischer Emigranten gegen den Faschismus. Sie gehört in die KünstlerInnengeneration des 20. Jahrhunderts, deren Existenz durch die totalitäre Ideologie und Gewaltherrschaft der Nationalsozialisten auf dreifache Weise bedroht ist: als Jüdin, als Kommunistin und als avantgardistische Künstlerin einer bald als entartet abgestempelten Kunstrichtung. Im April 1936 heiratet Friedl Dicker ihren Cousin Pavel Brandeis und wird tschechoslowakische Staatsbürgerin. Doch die Zeit privaten Glücks ist nur von kurzer Dauer. Schon bevor Hitler in Prag einmarschiert, wird ihre Lage bedrohlich. Dennoch schlägt sie 1938 ein Visum nach Palästina aus und zieht mit Pavel in die böhmische Stadt Hronow. Bei der Ausstellung »38 Nachod« der Textilfabrik Spiegler & Söhne in Hronow erhält sie die Goldene Medaille und ein Ehrendiplom. Im Jahr 1940 werden zwölf Bilder von ihr auf einer Ausstellung in der Royal Art Gallery in London gezeigt.

Im September 1942 wird das Ehepaar Brandeis nach Theresienstadt

Collage aus dem Unterricht von Friedl Dicker, nach der Zeichnung von Vermeer, von Marie Mühlsteinová, 1943/44

deportiert. Friedl Dickers Bilder, Entwürfe und Skizzen und die Kinderzeichnungen aus Theresienstadt werden nach der Befreiung in zwei Koffern aufgefunden. Daran, dass diese kaum etwas von den Schrecknissen des Lageralltags wiedergeben, lässt sich ablesen, dass es Friedl Dicker gelang, die Kinder immer wieder für einige Stunden am Tag in eine andere, heilende Welt jenseits aller Traumata und Todesängste zu entführen, obwohl sie selbst vom Tode bedroht war. Es ging in ihrem Unterricht aber noch um mehr: um eine systematisch vertiefte, ganzheitlich-humanistische Erziehung. Wingler: »Wie bei Itten wurden die Werke alter Meister – das heißt: Reproduktionen – auf ihren Gehalt hin befragt, und da Strukturanalysen außerhalb der kindlichen Möglichkeiten lagen, wurde die Annäherung durch Kopieren versucht. So taucht in den Theresienstädter Zeichnungen dasselbe Cranach-Modell, das einst die Studierenden in Weimar beschäftigt hatte, auf.«

Auch Elena Makarowa entdeckt in den Kinderzeichnungen die zentrale Bedeutung der Bauhaus-Pädagogik und der Itten'schen Methodik wieder. »Die kollektive künstlerische Arbeit gehörte zur Tradition des Bauhauses, und Friedl nahm diesen Brauch in ihren Unterricht auf. Wie im Bauhaus wurde nach der Fertigstellung jedes Werk gemeinsam besprochen. Das allein war schon Unterricht für die Kinder – es lehrte Exaktheit und Toleranz zugleich.«

Neben der praktischen Arbeit mit den Kindern fand Friedl Dicker in der aufreibenden Situation des Ghettos noch Kraft für kunstpädagogische theoretische Überlegungen, die sie 1943 in dem Aufsatz »Kinderzeichnen« schriftlich niederlegte. Friedl Dicker: »*Also sollte dem Kind uneingeschränkt vertraut werden. Wenn wir das Beste für das Kind tun wollen, geben wir ihm Material und ermuntern es, mit der Arbeit zu beginnen. In diesem Stadium sind alle unsere ›ästhetischen‹ Bewertungen sinnlos.*«

Bauhaus-Archiv Darmstadt, »Katalog zur Friedl Dicker Franz Singer – Ausstellung vom 31. Januar bis zum 24. März 1970. Mit einem Vorwort von Hans M. Wingler«, Darmstadt 1970 * Elena Makarowa, »Friedl Dicker-Brandeis – Ein Leben für Kunst und Lehre«, Ausstellungskatalog, Wien/München 1999 * ARGE Architektinnen u.

Ingenieurkonsulentinnen (Hg.), »Frauen in der Technik von 1900 bis 2000«, Ausstellungskatalog, Wien 1999 * Peter Hahn, »Zeichenunterricht in Theresienstadt«, in: Weimar Kultur Journal, Jg. 12, Themenheft 2003 »Bauhaus und Moderne in Weimar und der Region« * Internetseiten des Architekturzentrums Wien, Stand: Mai 2007 * Katharina Hövelmann, »›Das moderne Wohnprinzip‹. Kleinwohnungsgestaltungen der Ateliergemeinschaft unter der Leitung von Friedl Dicker und Franz Singer«, Diplomarbeit, Wien 2012

MARIANNE BRANDT

1893 – 1983

»Zuerst wurde ich nicht eben freudig aufgenommen. Eine Frau gehört nicht in die Metallwerkstatt, war die Meinung. Man gestand mir das später ein und hat dieser Meinung Ausdruck zu verleihen gewußt, in dem man mir vorwiegend langweilig-mühsame Arbeit auftrug. Wie viele kleine Halbkugeln in sprödem Neusilber habe ich mit größter Ausdauer in die Anke geschlagen und gedacht, das müsse so sein und, ›aller Anfang ist schwer‹. Später haben wir uns dann prächtig arrangiert und uns gut auf einander eingestellt.«

MARIANNE BRANDT in: Brief an die junge Generation, 1971

Marianne Brandt, Selbstporträt mit Lilien, um 1923

Bekannt und berühmt sind sie: das kugelige und die flachen Tee-Extraktkännchen, die Zuckerschalen, Sahnegießer und Aschenbecher der Designerin Marianne Brandt, die wir heute im Bauhaus-Museum Weimar bewundern können. Die Formen der 1924 von ihr entwickelten Modelle erscheinen in ihrer schlichten Eleganz und unterschwelligen Extravaganz für heutige Sehgewohnheiten fast selbstverständlich, da die »*Überzeugung, daß ein Ding zweckdienlichst in seiner Funktion und materialgerecht schön sein müsse*«, wie die Künstlerin es rückblickend formuliert, längst unseren Geschmack mit geprägt hat. Bekannt ist auch, dass Marianne Brandt eine der wenigen weiblichen Studierenden des Weimarer Bauhauses war, die nicht in die »Frauenabteilung« (= Textilwerkstatt) wollten. Sie ging lieber in die Metallwerkstatt, wo sie nach nur kurzer Lehrzeit neue Maßstäbe für das Metalldesign der klassischen Moderne setzte. Bekannt ist vielleicht noch, dass Marianne Brandt es, trotz herausragender Leistungen in Weimar, erst 1928 am Bauhaus in Dessau zu einer Leitungsposition als stellvertretende Meisterin der Metallwerkstatt brachte. Aus dieser Zeit sind vor allem ihre »Kandem-Lampen«, Modelle für eine Schreibtisch- und eine Nachttischleuchte, in die Designgeschichte eingegangen. Lange Jahre unbekannt war die Tatsache, dass Marianne Brandt nicht nur die Metallgestaltung, sondern auch das neue Metier des Fotografierens exzellent beherrschte und bis Anfang der 1930er-Jahre neben einer Reihe experimenteller und dokumentarischer Fotografien zirka fünfzig bedeutende Montagen schuf, von denen heute noch etwa dreißig erhalten sind. In diesen »Photomontagen«, wie sie sie selbst später nannte, setzte sie sich ab Mitte der 1920er-Jahre mit gesellschaftskritischem Feinsinn, Witz und auf hohem künstlerischen Niveau mit Themen wie Film und Ausdruckstanz auseinander, aber auch mit Krieg, Militarismus, dem Geschlechterverhältnis und den »Neuen Frauen«, zu denen sie selbst gehörte.

Lange Jahre aber wurde Marianne Brandt selbst zur Unbekannten, sowohl als Künstlerin als auch mit ihrem persönlichen Schicksal. Zwischen 1924 und 1933 war sie als Gestalterin der Bauhaus-Avantgarde in Europa präsent, zeigte ihre Werke in Ausstellungen, sich selbst auf Fotos und Festen, zum Teil in provokanten Inszenierungen, initiierte von allen Werkstatt-MitarbeiterInnen die meisten Verträge – ihre Prototypen wurden bereits von namhaften Firmen produziert. Dann brach ihre Karriere ab. Von 1933 bis 1945 verschwand sie, wie so viele andere, gezwungenermaßen von der Bildfläche; im Privaten ging die Ehe in die Brüche. Als Bauhäuslerin von den Nationalsozialisten in die Schublade »entartete Kunst« sortiert, als offizielle Ehefrau von Erik Brandt nun unliebsame Staatsangehörige des Kriegsfeindes Norwegen und durch permanenten Materialmangel am künstlerischen Fortkommen gehindert, ging sie in die innere Emigration. In der Enge des Chemnitzer Elternhauses griff sie wieder zum Pinsel, malte Aquarelle und verfertigte in Erinnerung ans Bauhaus sogar einen Gobelin. Gleich 1946 trat sie in ihrer Heimatstadt wieder mit Ausstellungen an die Öffentlichkeit, engagierte sich im Kulturbund, in der Gewerkschaft, im Künstlerverband. Von 1949 bis 1951 arbeitete sie als Dozentin an der Hochschule für Bildende Kunst in Dresden, von 1951 bis 1954 an der Hochschule für Angewandte Kunst in Berlin-Weißensee. 1953/54, schon sechzig Jahre alt, folgte sie noch einmal dem alten Fernweh und reiste in staatlichem Auftrag für mehrere Monate nach China, um dort eine Ausstellung zu organisieren. Als sie zurückkam, war aus Chemnitz Karl-Marx-Stadt geworden. Und nun wurde es ein zweites Mal still um sie, diesmal bis in die 1970er-Jahre hinein. Wer kannte noch Marianne Brandt?

Der neue DDR-Staat bot in seiner Aufbauphase keinen Raum für experimentelles Design und keine Anerkennung für individuelle künstlerische Leistungen. Brandts avantgardistische Kreationen aus den 1920er-Jahren interessierten nicht, und die Heiz- und Beleuchtungskörper, Röhren und Kolben, die sie nun für volkseigene Betriebe entwarf, gingen im Einheitsstil des sozialistischen Industriedesigns unter. Die Abriegelung der DDR zum westlichen Ausland verstärkte die ohnehin einengende persönliche Situation Marianne Brandts in ihrem Eltern-

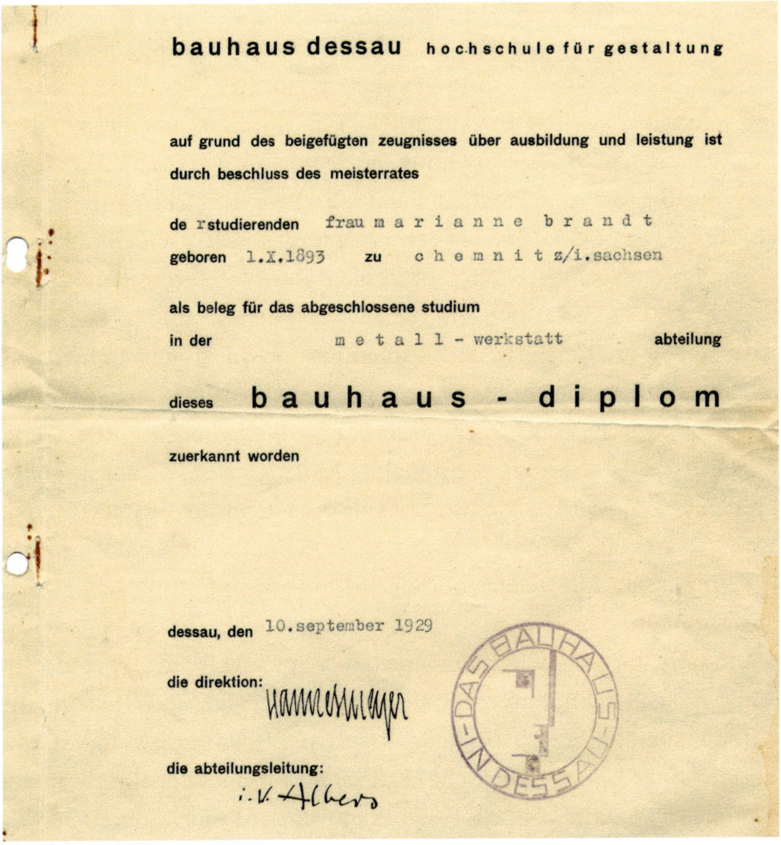

bauhaus dessau hochschule für gestaltung

auf grund des beigefügten zeugnisses über ausbildung und leistung ist durch beschluss des meisterrates

de r studierenden frau m a r i a n n e b r a n d t

geboren 1.X.1893 zu c h e m n i t z/i.sachsen

als beleg für das abgeschlossene studium

in der m e t a l l - werkstatt abteilung

dieses **b a u h a u s - d i p l o m**

zuerkannt worden

dessau, den 10.september 1929

die direktion: hannesmeyer

die abteilungsleitung: i.V. Albers

DAS BAUHAUS IN DESSAU

haus. Als Ende der 1960er-Jahre in der DDR nach und nach wieder das Interesse am Bauhaus und auch an ihr erwachte, war es zu spät für ein Comeback. Die Bauhaus-Ausstellung in Leipzig 1976, auf der erstmalig wieder ihre Werke gezeigt wurden, änderte nichts mehr daran; Marianne Brandt war inzwischen schon über achtzig Jahre alt, müde, resigniert und zudem krank. Und doch griff sie in ihren letzten Lebensjahren in Kirchberg/Sachsen bei Karl-Marx-Stadt noch einmal zur Kamera, fotografierte, in einer weitgehend isolierten Lebenssituation, aus dem Fenster und holte sich so wenigstens die Außenwelt in ihr Zimmer: *»Ich tue*

Diplom Marianne Brandts vom Staatlichen Bauhaus Dessau

gar nichts, was mich befriedigen könnte. Das Einzige ist noch fotografieren (…), entwerfen od. malen kann ich hier keinesfalls, dazu bin ich zu deprimiert (…).« Und doch wurde sie neunzig Jahre alt. Und doch wurden im Weimarer Kulturstadt-Jahr 1999, sechzehn Jahre nach ihrem Tod und achtzig Jahre nach Gründung des Weimarer Bauhauses, ihr Name und ihr Tee-Extraktkännchen sogar auf einer deutschen Briefmarke abgedruckt – für eine Frau ein gewichtiger Meilenstein auf dem Weg zu einem Ehrenplatz neben den großen Meistern.

Zurück zu den Anfängen. Die 1893 geborene Marianne Liebe und ihre beiden älteren Schwestern Johanna und Susanne stammen aus einem gutbürgerlichen Elternhaus im sächsischen Chemnitz. Ihr Vater, der Rechtsanwalt Franz Bruno Liebe, war Mitglied des Stadtrates und förderte das Theater und die bildende Kunst. Später, 1920, gehörte er zu den Begründern der »Kunstsammlung Chemnitz«. Die Mädchen wuchsen in einer Atmosphäre auf, in der Offenheit für Kunst, Musik und Literatur zum Alltag gehörten. 1900 kaufte die Familie ein großes eigenes Haus im Gerichtsviertel. Marianne besuchte erst die höhere Abteilung der Bürgerschule, dann eine höhere private Mädchenschule. Im Alter von achtzehn Jahren zog sie nach Weimar um und besuchte für ein Jahr die Freie Zeichenschule, offenbar eine Voraussetzung, um in die »Großherzoglich-Sächsische Hochschule für Bildende Kunst« aufgenommen werden zu können. 1912 begann Marianne Liebe dort ihr erstes Kunststudium. Ihr Lehrer in der Malerei war der Hochschulrektor Fritz Mackensen, der dem Jugendstil nahestand.

Nachdem Marianne Liebe von einem 1916 eingeschobenen Ausbildungsjahr in München nach Weimar zurückgekehrt war, erhielt sie einen eigenen Atelierraum. Im selben Jahr lernte sie ihren späteren Mann kennen, den Norweger Erik Brandt, der wie sie in Weimar Kunst studierte. Ihre Gemälde standen stilistisch dem deutschen Expressionismus nahe, häufig waren Frauen, stillende Mütter und Kinder darauf dargestellt. 1918 schloss sie ihr Weimarer Studium der Malerei mit einem Diplom ab. Nach ihrer Hochzeit im Sommer 1919 in Oslo/Norwegen hielten Marianne und Erik Brandt sich ein Jahr in Norwegen auf, anschließend zu künstlerischen Studien ein weiteres Jahr in Frankreich.

1921 kehrten sie nach Weimar zurück. Dort war zwei Jahre zuvor nicht nur die Republik ausgerufen, sondern auch das Staatliche Bauhaus eröffnet und die bisherige Kunsthochschule geschlossen bzw. ins Bauhaus integriert worden. Nach dem ersten großen Richtungsstreit am Bauhaus öffnete sie 1921 wieder ihre Pforten, und Marianne Brandt beginnt dort, achtundzwanzigjährig, mit ihrem zweiten Kunststudium: Bildhauerei bei Richard Engelmann, der zuvor zeitweilig auch am Bauhaus unterrichtet hat.

Im Sommer 1923 passiert es: Marianne Brandt sieht die große Weimarer Bauhaus-Ausstellung und bekommt einen – positiven – Schock fürs Leben: Nach zwölf langen Jahren des Lernens und der künstlerischen Produktivität hat sie etwas erlebt, das alles bisher Erarbeitete und Geschaffene grundlegend in Frage und auf den Kopf beziehungsweise auf die Füße stellt. Jetzt weiß die inzwischen dreißigjährige Künstlerin, was sie will und was sie nicht mehr will: Schluss mit der brotlosen Malerei und mit der ganzen gegenständlichen Kunst! 1926 wird sie alle ihre bis dahin geschaffenen Gemälde im alten Stil verbrennen. Sie wechselt im Wintersemester 1923/24 ans Staatliche Bauhaus und beginnt dort im Januar 1924 mit dem ersten Schritt der Ausbildung, dem Vorkurs bei Josef Albers und László Moholy-Nagy. Dazu besucht sie den künstlerischen Unterricht von Wassily Kandinsky und Paul Klee. Der Ungar Moholy-Nagy, Nachfolger des Vorkurs-Lehrers Johannes Itten, wird ihr wichtigster Lehrer, Inspirator und Unterstützer. Im Laufe der Jahre hat er sich wohl auch mehr gewünscht, doch Marianne Brandt wollte die Beziehung offenbar gerade deshalb, weil sie ihr so viel bedeutete, so belassen, wie sie war. Moholy-Nagy markierte das endgültige Ende der »romantischen« Phase des Weimarer Bauhauses. Der vielseitige Künstler und Kunsttheoretiker brachte konstruktivistische Gestaltungselemente, strenge Abstraktion, fotografisches Experimentieren und den Bezug zu Technik und industrieller Produktion neu in die Ausbildung ein. In der Herstellung von Fotogrammen – einer Technik, in der Gegenstände direkt auf das Fotopapier gelegt und dann belichtet werden – sah er, wie er es selbst formuliert, einen Weg *»zu Möglichkeiten der Lichtgestaltung, wobei das Licht als ein neues Gestaltungsmittel wie in der Malerei die*

Farbe, in der Musik der Ton, souverän zu handhaben ist.« Moholy-Nagy war unermüdlich im Ausprobieren, aber auch in der Vermittlung theoretischer Zugänge zum neuen Medium der Fotografie. Lucia Moholy, die Künstlerin, die mit ihm verheiratet war, fotografierte als Erste die Werkstücke Marianne Brandts. Sie wurde nach dem Zweiten Weltkrieg zu einer der international gesuchtesten Fotodokumentaristinnen. Marianne Brandt ist vom neuen Medium der Fotografie fasziniert. Schon 1923 ist eine ihrer ersten fotografischen Selbstinszenierungen entstanden: »Selbstporträt mit Lilien«. Sie ist die Bauhauskünstlerin, die am häufigsten und konsequentesten Selbstporträt und Selbstinszenierung ins künstlerische Experiment einbezieht, zugleich sagt sie sich radikal von der Gegenständlichkeit los. Ihre Fotogramme »Montage I« und »Montage II« von 1924 sind so konsequent abstrakt gestaltet wie keine der über 50 Montagen, die in den Folgejahren noch entstehen werden.

Moholy-Nagy ist von Gropius auch mit der Leitung der Metallwerkstatt betraut worden. Von 1919 bis 1923, unter künstlerischer Leitung von Itten, war die Werkstatt noch eine am traditionellen Handwerk orientierte »Gold-Silber-Kupfer-Schmiede«. Itten jedoch entwickelte als Verfechter einer konsequenten Formlehre für seinen Vorkursunterricht bereits Formlösungen, die einer ähnlich strengen Geometrisierung folgten wie die für das Industriedesign später so wegweisenden Modelle von Wagenfeld und Brandt. 1922 übernahm zunächst Klee, dann Schlemmer die Position als Formmeister im Metallbereich. Schlemmer forderte schon auf der Meisterratssitzung vom 3. Oktober 1922, die *»romantische Arbeitsweise«* aufzugeben und sich stattdessen *»auf rationale Herstellungsmethoden und den Entwurf ›nützlicher Gegenstände‹« zu konzentrieren.* Obwohl Moholy-Nagy mit Metall wenig praktische Erfahrung hat, vollzieht sich ab 1924 unter seiner Leitung die entscheidende Umwandlung der Werkstatt in eine Produktionsstätte von Modellen für die industrielle Serienfertigung. Aus seiner Technikbegeisterung gehen schließlich Prototypen für elektrische Haushaltsgeräte und Beleuchtungskörper hervor.

Überzeugt von Marianne Brandts außergewöhnlichem Talent, ermutigt Moholy-Nagy sie schon nach wenigen Monaten Vorkurslehre

Marianne Brandt und Komilitoninnen der Malereiklasse
der Kunstgewerbeschule Weimar, um 1917/18

dazu, im Metallbereich zu arbeiten. Rund vierzig Jahre später schilderte sie Eckart Neumann den Entscheidungsprozess (Brief vom 8. Oktober 1966): *»Die Art der Malerei wie sie dort ausgeübt wurde (...) stand mir damals fern; (...) und Wandmalerei interessierte mich kaum. Die Atmosphäre der Weberei paßte nicht recht zu mir und Holz, was mir gut gelegen haben würde, erforderte Körperkräfte, die ich nicht besaß. Ich besprach dies mit Moholy-Nagy und er machte mir Mut für Metall. Das ist Alles.«* Von den neuen Lehrlingen, die im Oktober 1924 in der Werkstatt eintreten, nehmen Marianne Brandt und Wilhelm Wagenfeld schon in kurzer Zeit eine dominierende Position ein; über fünfzig Prozent aller Modelle aus der Werkstatt gehen auf ihrer beider Entwürfe zurück. Im Nachhinein betrachtet ist es verblüffend, in wie kurzer Zeit Marianne Brandt die Lehre durchläuft. Sie selbst wird später darüber sagen: *»Eine lange handwerkliche Ausbildungszeit war uns nicht vergönnt. Es hieß sehr bald: entwerfen, ausführen, helfen, sich umtun (...)«*

Tee-Extraktkännchen, Bronze, innen versilbert, Neusilber, Ebenholz, von Marianne Brandt, 1924

Ihre ersten Modelle für die Produktion der Metallwerkstatt sind zwei »Aschenbehälter« (1924), gefügt aus den elementaren Formen, die programmatisch zum Bauhaus Weimar gehören und die bis dahin übliche Gestalt solcher Gebrauchsgegenstände bewusst in Frage stellen. In einem Gespräch, das sie 1979 mit Heinz Hirdina geführt hat, erzählt sie: »*Wir waren so auf einfache Formen versessen, dass sogar der Einlass bei dem halbkugeligen Ascher ein Dreieck war, aber das exzentrisch angeordnete Oval war ja viel besser. So versessen waren wir auch, weil uns der Kitsch der Gründerzeit – und nicht nur der – noch viel näher war. Das gab es ja noch alles. Zu Hause hatte ich eine Sammlung davon.*« Ihr berühmtes Tee-Extraktkännchen aus Silber und Ebenholz gilt bis heute als Ikone des Bauhaus-Designs. In ihrer Gestaltung ist Marianne Brandt dabei exakt dem Gebot gefolgt, das Werkstück auf die Grundformen Kreis, Quadrat und Dreieck zu reduzieren. Aber auch auf die Funktionsfähigkeit ist genau geachtet worden: »*Wir wollten zwar zurück zu den einfachen Formen, aber das wichtigste war: Keine Kanne ist aus unserer Werkstatt gegangen, die nicht tropffrei goß. Das Benutzen und besonders das Gießen haben wir ausprobiert. (...) das war ganz selbstverständlich für uns.*« (1979)

Nach der erzwungenen Schließung der Weimarer Ausbildungsstätte zog das Bauhaus im April 1925 nach Dessau um. Marianne und Erik Brandt genehmigten sich erst einmal eine neunmonatige Auszeit in Paris. Nach ihrer Rückkehr im Frühjahr 1927 erhielt Marianne Brandt als »Mitarbeiter« der Metallwerkstatt erstmalig eine bezahlte Position. Erfolgreich handelte sie mit der Industrie Verträge über die Fertigung von Beleuchtungskörpern aus. Daneben nahm sie aktiv an einer kunsttheoretischen Debatte teil, die 1929 in der Zeitschrift *bauhaus* ausgetragen wurde. 1929 festigte sich in ihr der Entschluss, neue berufliche Wege zu gehen und das Bauhaus zu verlassen. Dort gab es gerade einen Richtungswechsel der Werkstatt hin zum Entwurf und Bau größerer Möbelmodelle. Die Tatsache, dass Marianne Brandt dabei an ihre physischen Grenzen stieß, wurde zum Anlass genommen, ihre Leitungsposition in Frage zu stellen. Die schärfste Attacke kam von dem mit ihr befreundeten jüngeren Kollegen Hinnerk Bredendieck, der ihr vorwarf, sie könne ja nur noch »*modelle auf dem papier*« anfertigen. Dass dabei handfeste Konkurrenz eine Rolle spielte und die Tatsache, dass man(n) meinte eine Frau leicht kritisieren zu können, ist offensichtlich. Sehr schön liest sich die Entgegnung Marianne Brandts in ihrem Brief an Direktor Hannes Meyer vom 25. April 1929: »*(...) ich selbst bin über die art meiner arbeit anderer meinung, da ich einige bestimmte gebiete ziemlich weitgehend beherrsche und auf ihnen etwas ordentliches zu machen im stande bin, was ich auch bewiesen zu haben glaube während meiner tätigkeit hier; da ich auch handwerklich, zwar einseitig, ausgebildet bin, und durch beobachtung, besprechung und erfahrung vielseitigen einblick in maschinelle verfahren gewonnen habe, so muss ich schon, und zwar ausdrücklich, auf meinem anrecht, modelle zu machen, bestehen.*« Die Worte klingen wie die von einer Frau, die weiß, was sie will. Dabei wird Marianne Brandt von ihrer Umgebung als »keineswegs robust, sondern sensibel, stimmungsabhängig und zuweilen sehr depressiv« beschrieben. Die Aufbruchsstimmung und das gemeinschaftliche Leben am Bauhaus hatten ihr gutgetan, die Enge des Chemnitzer Elternhauses hingegen, aus dem sie eigentlich schon von 1933 an nie wieder richtig herauskam, bestärkte ihr Gefühl von Isolation, ja Resignation. Sie selbst hat, wie ihre Freundin Lieselotte Lange berichtete, später von sich gesagt, sie sei Pessimistin und das Leben habe ihr darin Recht gegeben. Widersprechen kann man ihr erst heute, lange nach ihrem Tod.

1929 erhielt Marianne Brandt nachträglich ihr Bauhaus-Diplom im Metallbereich, beteiligte sich an der »Internationalen Ausstellung für Film und Foto« des Werkbundes in Stuttgart und wurde Mitarbeiterin in Gropius' Berliner Architekturbüro. 1930 wurden ihre Metallarbeiten auf der Werkbund-Ausstellung in Paris präsentiert. Hilfe und Ermutigung fand sie in dieser Zeit vor allem durch Moholy-Nagy, der sich immer wieder mit leidenschaftlichem Engagement für sie einsetzte: »*meine beste und genialste schülerin (von ihr stammen 90% aller bauhausmodelle) frau marianne brandt*«, heißt es in einem Brief an Ernst Bruckmann vom 26. Juni 1929. Ein anderer Unterstützer war und blieb Walter Gropius, der ihr bei der Suche nach einer neuen Stelle zur Seite stand, nachdem er für sie keine Arbeit mehr hatte. Lohn und Brot fand sie dann bei der Metallfabrik Ruppel in Gotha, wo sie Prototypen für Gebrauchsgegenstände wie Leuchter, Teewagen, Brieföffner entwarf. Als ihre schönste Arbeit aus dieser Zeit gilt ein kugelförmiges Tintenfass. 1933 wird Marianne Brandt arbeitslos, beginnt ihr »Verschwinden«.

Das Aufspüren von ehemaligen BauhäuslerInnen im Nachkriegsdeutschland, die Wiederentdeckung der Avantgarde von einst, war zunächst vor allem von BauhäuslerInnen in der Emigration ausgegangen, insbesondere von Ilse und Walter Gropius. Diese beiden hatten aus den USA auch zu Marianne Brandt brieflichen Kontakt aufgenommen, unterstützten sie jahrelang mit Rat und Care-Paketen – zunächst weniger in der künstlerischen Arbeit als beim mühseligen Wiederaufbau des durch einen Bombenangriff schwer beschädigten Elternhauses. In den 60er-Jahren nahm der Bauhausforscher Eckart Neumann aus den USA Kontakt zu Marianne Brandt auf. Ergebnis ihrer mehrjährigen intensiven Korrespondenz war der Essay der inzwischen weit über siebzigjährigen Künstlerin »Brief an die junge Generation« in seinem Buch »Bauhaus und Bauhäusler« (1971). Immerhin erlebte Marianne Brandt als alte Frau noch das wieder aufkommende Interesse am Bauhaus in ihrem Land. Heute finden ihr Werk und ihr Leben im Osten und Westen Deutschlands nach und nach die verdiente Resonanz. Als Metallgestalterin, Industrie-Designerin und Fotografin gehört die Bauhauskünstlerin Marianne Brandt längst in die Lexika zur Kunstgeschichte der Moderne. Nach ihren Prototypen wird heute immer noch – oder wieder – produziert.

Marianne Brandt, »Brief an die junge Generation«, in: »Bauhaus und Bauhäusler, Bekenntnisse und Erinnerungen«, hg. von Eckhard Neumann, 1971 * »Die Metallwerkstatt am Bauhaus«, Katalog zur Ausstellung im Bauhaus-Archiv Museum für Gestaltung Berlin, hg. von Klaus Weber, Berlin 1992 * Marianne Brandt, »Fotografien am Bauhaus«, Katalog zur Ausstellung des Instituts für Kunst und Design (Gerda Breuer) der Bergischen Universität Wuppertal, hg. von Elisabeth Wynhoff, Ostfildern 2003 * »TEMPO, TEMPO! Die Bauhaus-Photomontagen von Marianne Brandt«, Katalog zur Ausstellung des Bauhaus-Archivs Berlin, hg. von Elizabeth Otto, Berlin 2005

ANHANG

Register

Bildnachweis

Bauhaus-Archiv Berlin: Seite 142, 150, 160, 163, 167
Bildarchiv Preußischer Kulturbesitz, Berlin: 110, 117, Umschlagrückseite rechts
Deutscher Staatsbürgerinnen-Verband e.V., Berlin: 125
Jüdisches Museum Prag: 155, 157
Klassik Stiftung Weimar: Umschlagabbildung, 8/9, 13, 15, 21, 24, 28, 33, 34, 36, 40, 43, 45, 52/53, 54, 61, 64, 67, 71, 72, 74 , 77, 80, 86, 89, 90, 99, 100, 106, 113, 120, 147, 168, Umschlagrückseite links und Mitte
Kultur & Reisen WEIMAR WEIBLICH: 18, 30, 46, 56, 68, 93, 94, 97, 103, 114, 141 (Ulrike Müller)
Privatbesitz Gunta Stölzl: 138
Elisabeth Sandmann Verlag, München: 10, 84, 132 (Kuni Taguchi)
VG Bild-Kunst, Bonn 2013: 132, 147, 168

Weitere Nachweise über das Bildarchiv des Insel Verlags

Dank

An Prof. Dr. Ingrid Radewaldt, Hamburg, für ihre Unterstützung und ihren Artikel über Gunta Stölzl; an Sandra Kemker, Bremen, für ihre Zuarbeit zum Artikel über Marianne Brandt; an Bettina Straube, Bad Berka, für Recherchen und Durchsicht; und an Sabine Frank für die Überarbeitung und Kürzung einiger Artikel.